AutoDefensa Noviolenta

(#ADNcat)

en 100 mensajes y una historia increíble

MONTABER

AutoDefensa Noviolenta

(#ADNcat)

en 100 mensajes y una historia increíble

Martí Olivella i Solé

Publicado en catalán el 30 de enero de 2023, en conmemoración
del 75 aniversario del asesinato de M. Gandhi.

MONTABER

Colección: Crítica y ensayo
Director: David Soler

AutoDefensa Noviolenta (#ADNcat)
en 100 mensajes y una historia increíble
1.ª edición, 2023

© 2023, Martí Olivella Solé
© Ilustraciones, Joan Lluch, objetor y dibujante
© de esta edición, ICG Marge, SL

Edita: Montaber – Marge Books
Brutau, 160 – 08203 Sabadell (Barcelona)
Tel. 931 429 486 – montaber@montaber.es
www.montaber.es

Edición: Mercedes Lara
Impresión: Prodigitalk, SL (Martorell, Barcelona)

ISBN edición impresa: 978-84-19109-45-3
ISBN edición digital: 978-84-19109-46-0
Dipósito Legal: B 9579-2023

 El papel empleado en este libro no ha sido blanqueado con cloro elemental (Cl_2).

"Satyagraha es, en sentido literal, la adhesión a la verdad y significa, por extensión, la fuerza de la verdad (...) y excluye el uso de la violencia, porque el hombre es incapaz de conocer la verdad absoluta y, por lo tanto, no tiene el poder de castigar."

M. GANDHI, 1921.

Esta edición ha sido posible gracias a las personas que han hecho objeción fiscal en 2022 y han destinado sus aportaciones al proyecto de Defensa Civil Noviolenta. Los ingresos netos de la distribución del libro también se destinarán a continuar con este proyecto.

Formatos de la edición

Este texto se presenta en distintos formatos:

Telegram, a partir del 3 de diciembre de 2022 publicación diaria de 500 caracteres en el canal https://t.me/ADN_AutoDefensaNoviolenta con posibilidad de hacer comentarios; con enlaces clave a libros, campañas, sitios web...

Mastodont.cat, en la cuenta https://mastodont.cat/@adn de 500 caracteres (igual que Telegram).

El formato web, en el blog https://aturemlesguerres.cat/adn-autodefensa-noviolenta/

El formato de libro electrónico, en PDF y e.reader.

El formato en papel, el texto y también incluye un resumen de los contenidos de los enlaces en código QR a páginas web, campañas, libros... con ilustraciones que acompañan las diferentes partes del libro.

***#ADNcat:** es el acrónimo en catalán de **AutoDefensa Noviolenta catalana.**

El autor

Martí Olivella i Solé (Barcelona, 1955) formó parte del primer grupo de objetores de conciencia al servicio militar (1975-1977 en la España franquista) donde aprendió, en la práctica, las claves de la lucha noviolenta, junto a Pepe Beunza. Pasó cinco meses en la prisión de Castell de Sant Ferran (Figueres). El movimiento de objetores consiguió el reconocimiento del derecho a objetar al servicio militar, en la nueva constitución de 1977. Y, gracias a un millón de objetores y 50.000 insumisos, en 2001 se abolió el servicio militar obligatorio, como primer paso hacia un mundo sin ejércitos ni guerras.

Sin embargo, como parte de las causas de las guerras se deben al sistema político y económico, se interesó, gracias a Lluís Ma Xirinacs, en la elaboración de modelos alternativos de sociedad en torno a Agustí Chalaux, en el Centre d'Estudis Joan Bardina y, más tarde, en Ecoconcern - Innovació Social. Fue en la asociación Nova-Innovació Social donde retomó las propuestas alternativas a las fuerzas armadas: con las Marxes per la cultura de la pau, con su cuento *El planeta del foc*, con el proyecto de convertir la ciudadela de Figueres en Castell per la Pau y con proyectos de apoyo a movimientos noviolentos en Irak, Palestina, Líbano... Y finalmente desde NOVACT - Instituto internacional por la acción noviolenta se ha dado apoyo a los movimientos noviolentos de la ribera sur del Mediterráneo.

Desde el inicio del proceso hacia la independencia de Cataluña, ofrece formación desde En peu de pau, y más tarde desde www.lluitanoviolenta.cat.

Ha participado activamente en el colectivo Pau i Treva y en el Seminari Estat de Pau, promoviendo las publicaciones por parte del Institut Català Internacional per la Pau (ICIP), de varias obras de referencia sobre alternativas a las fuerzas armadas: *Construir un Estat segur i en pau*, *La Defensa Civil Noviolenta* (Gene Sharp), *Serveis Civils de Pau* (Ruben Campos) o *El Antigolpe* (Gonzalo Arias).

Contenido

Nota a las versiones traducidas del original en catalán

Este libro surge en un momento y lugar concreto, para intentar dar respuesta a varios grandes retos.

Surge a finales de 2022, es decir, bajo el impacto social del conflicto armado en Ucrania y como "arma" de la campaña www.aturemlesguerres.cat; también surge en Catalunya (España-Europa), pequeño país que está viviendo un impasse en el proceso de independencia; y, todo ello, en el marco de un creciente colapso de civilización al que los distintos movimientos sociales tienen dificultades para vertebrar una transición ecosocial o una rebelión transformadora a la altura de la gravedad del momento.

Los retos concretos se derivan de la propia situación:

- ¿Qué hacer cuando un Estado invade a otro?
- ¿Qué tipo de defensa legítima y no contraproducente hay que preparar?
- ¿Cómo lograr la independencia sin recurrir a un alzamiento armado?
- En un nuevo Estado, ¿cómo crear un sistema de defensa disuasoria y efectiva sin confiar en las fuerzas armadas?
- ¿Cómo articular un movimiento que desde la base defienda el territorio y su gente de las agresiones que sufre?
- ¿Cómo fortalecer la coherencia entre ecofeminismo y las alternativas al militarismo y las guerras?

Las respuestas que se ofrecen están inspiradas en luchas y resistencias noviolentas del siglo xx, y hay que entenderlas en el contexto citado. Algunas de ellas quizás puedan servir para otros contextos. Aunque algunas de las situaciones –por ejemplo, el proceso de independencia de Catalunya– pueden no ser compartidas, las pistas aportadas pueden trascender este caso y pueden ser aplicadas a otros conflictos parecidos.

Prólogo coral

Agradezco a mis amigos **Pepe Beunza, Llúcia Oliva, Xavier Masllorens, Thais Bonilla** y **Raül Romeva** los comentarios adjuntos a modo de prólogo coral.

¡Desarme, ya!

PEPE BEUNZA VÁZQUEZ
Condenado en dos consejos de guerra

En mi primer Consejo de Guerra intenté explicar, aunque no me dejaron, que desde que Caín mató a Abel con una maza, según la Biblia, hasta la bomba atómica y las modernas armas químicas y biológicas, ha habido una evolución negativa de la humanidad en la que yo no quería participar y, por eso, me declaré objetor de conciencia al servicio militar. Más de cincuenta años después seguimos con el mismo tema como predicadores en el desierto, dada la situación actual, con muy pequeñas victorias, aunque, en estos temas, todas son importantes.

Un alto militar ruso explicó en televisión que hemos acumulado bombas para destruir más de mil veces todo rastro de vida en la Tierra, y un militar estadounidense mostró con orgullo un misil con la capacidad destructiva del 60 % de todas las bombas lanzadas en la Segunda Guerra Mundial.

En esta situación, es incomprensible que el desarme no sea una propuesta prioritaria en la agenda de políticos, filósofos, religiosos, economistas o cualquiera que se crea algo seguro de sí mismo, incluidos los militares, que saben que no pueden defenderse cuando explota el polvorín.

Por eso este libro es tan importante. La paranoia de la legítima defensa ha convertido este principio en una excusa para los grandes negocios del complejo político militar industrial y cuando organizan una guerra como la de Ucrania, todos los políticos occidentales se convierten en guerreros que llenan las arcas de los fabricantes de armas, las petroleras y sus amigos. Si lo gastamos todo en el ejército, las guerras son inevitables.

Tenemos el derecho y el deber de defendernos de la invasión o la injusticia, pero debemos hacerlo con inteligencia, eficacia y ética. Las guerras son un crimen contra la humanidad. Lo sabemos de sobra. Por eso, aprender a defendernos, tal como explica este libro, es un camino hacia la supervivencia de la especie humana. Putin lo ha dicho muy claro: si aprieta el botón nuclear, todo habrá terminado.

La autodefensa noviolenta puede librarnos de este mal sueño. De momento seguimos vivos de milagro. Debemos aprovecharlo.

La paz está en nuestras manos

Llúcia Oliva

Periodista, excorresponsal en Washington y Moscú

Mi madre tiene 97 años y cuando oye aullar a un perro todavía se enfada porque le recuerda la guerra española de 1936-39 que vivió de pequeña. Sufrió primero la retaguardia y luego el frente y lo ha guardado todo en su dolorido corazón durante casi un siglo.

Su padre en la cárcel, el dolor que padeció, los asesinatos de los que fue testigo, los bombardeos de los que tuvo que protegerse a los doce años, el miedo a que violaran a su hermana mayor, la impotencia de ver a su padre agonizar sin ayuda médica, la desolación ante las colas de refugiados que escapaban día y noche al final de la guerra, la ametralladora que los soldados instalaron en el tejado de su casa y que hizo que se desmoronaran las paredes y cayera el techo, los últimos resistentes, los chicos jóvenes alcanzados por las balas y tendidos en los campos. Y luego, el odio entre los viejos enemigos de la guerra...

Mi madre no ha olvidado nada de aquello, pero también recuerda a la vecina que corría por el bosque de noche para llevarle un poco de comida; a la vecina que la acompañó a rescatar a su padre de la cárcel; a la amiga que la ayudó a protegerse de las bombas que caían en la playa de la Barceloneta. ¡Pequeños gestos de solidaridad y cariño en medio de aquel infierno!

Una guerra nunca acaba cuando termina la contienda, sus consecuencias físicas y psicológicas marcan para siempre a las personas que la han vivido e incluso a sus descendientes. Nuestra madre nos enseñó a no tirar nunca un trozo de pan, pero también a que las guerras no resuelven los conflictos, que el dolor que causan es mayor que la victoria de unos sobre otros.

De ahí mi deseo de que la paz y el acuerdo se impongan cuando como periodista cubro un conflicto, cualquier conflicto. De ahí mi convicción de que los periodistas debemos estar comprometidos con la paz, como lo estamos con la libertad, los derechos humanos y contra la violencia de género.

Cuando era corresponsal en Moscú, en tiempos de Mijail Gorbatxev, fui testigo de cómo se perdía la oportunidad de un mundo mejor y más pacífico. El entonces máximo dirigente soviético propuso a otros líderes mundiales resolver los conflictos mediante la cooperación internacional. Por desgracia, carecía de poder para imponer la idea y los jefes de las demás potencias no le hicieron caso.

Así pues, la tarea de conseguir un mundo mejor y más pacífico está en manos de los ciudadanos. Como dice este incansable pacifista Martí Olivella, si la opresión y la injusticia se mantienen es porque colaboramos con ellas. Por eso, en su libro *Auto-Defensa Noviolenta,* Olivella da a las personas las herramientas para que, en caso de conflicto, puedan mantener su dignidad y trabajar por la paz para que hacer la guerra no salga a cuenta a quienes la han provocado.

Una utopía inédita, pero no imposible

Xavier Masllorens i Escubós
Presidente del ICIP (Institut Català Internacional per la Pau)

La acción noviolenta tiene muy poca propaganda. De hecho, la acción de resistencia noviolenta –o desobediencia–, violenta especialmente los núcleos de poder en todas las sociedades, sean democráticas, autoritarias o dictatoriales. Aunque estas acciones son profundamente respetuosas con el *statu quo* (aceptan el castigo de las leyes que precisamente quieren cambiar o derogar), son profundamente incómodas por su propia naturaleza de negación de lo que consideran injusto.

El Estado español no es una excepción, a pesar de que el Tribunal Supremo admitió hace veinte años que la desobediencia civil noviolenta es una forma legal de manifestación y oposición. Tenemos, además, ejemplos de éxito de estas acciones, cuando se transforman en estrategias diseñadas y llevadas a cabo de forma colectiva y coordinada. Quizá los ejemplos más recientes sean la objeción al servicio militar obligatorio y la insumisión al servicio civil como sustituto del servicio militar.

Pero este libro va más allá. Si todo esto provoca urticaria en los aparatos del Estado, imagínense el malestar que debe provocar –incluso en gran parte de la ciudadanía– una propuesta de seguridad alternativa que no pase por el exterminio, la coacción y el armamento, sino por una poderosa y organizada fuerza de defensa civil noviolenta.

En las siguientes páginas se presentan –en forma de pequeñas píldoras– información y propuestas encaminadas a lograr la creación de una fuerza de autodefensa noviolenta, en un nuevo paradigma de seguridad. Una utopía inédita pero no imposible, contraria al modelo secular promovido por los estados de una defensa armada que provoca cada vez más inseguridad. Encontrarán un buen camino para soñar que la humanidad puede resolver los conflictos de una manera diferente, cooperativa y solidaria, si se prepara conscientemente y se gana a la opinión pública. Y también encontrarán elementos de pensamiento para prepararse individual y colectivamente. Porque, como leerán, "cuando estalla una guerra es demasiado tarde para organizar una defensa civil noviolenta".

Lo que desconocemos, parece imposible

Thais Bonilla Martínez

Responsable, en Novact-Instituto de la Noviolencia, del apoyo a las defensoras de los derechos humanos y miembro del Consejo Asesor de la Escuela Guillem Agulló.

Lo que desconocemos nos resulta imposible. Por ello, la difusión y enseñanza de los principios y la estrategia de la noviolencia han sido siempre un objetivo prioritario para Martí Olivella, así como de otras personas convencidas de que existe un camino sin armas, sin ejércitos de guerra ni violencia.

La autodefensa noviolenta es un poder transformador que no es solo una herramienta defensiva de resistencia y una forma de resolver las injusticias. Funciona como detonante de una alternativa más equitativa e inclusiva al mundo en que vivimos: genera un sentimiento de comunidad, ayuda a reducir los desequilibrios sociales, se centra en las causas de la opresión y amplifica el poder popular.

En los tiempos que corren, la información fluye con rapidez. Mensajes cortos y directos que lo dicen todo. En adaptación a este mundo de redes sociales y plataformas digitales, la presente publicación desglosa con detalle todo lo que hay detrás de un sistema civil de defensa noviolenta en 100 mensajes cortos, elaborados en algunos casos como pregunta-respuesta y como relato en forma de ficción narrativa. Aborda, ofreciendo diversos recursos de consulta, los retos, las realidades, las consecuencias y la necesaria preparación personal y social para este planteamiento. "En el caso de la defensa civil, toda la sociedad se convierte en una fuerza de lucha noviolenta", afirma.

Además, da ejemplos. Nos muestra aquellas prácticas que lo han hecho posible, pero que han sido borradas de la historia para que no sirvan para soñar con algo diferente. De modo que ya no sean esperanza. El escrito habla de la Checoslovaquia de 1968, la Dinamarca de la Segunda Guerra Mundial, la Lituania de 1991 y 2015, la experiencia de la Guardia Indígena del Cauca en Colombia desde el año 2000 o los retos de la India de Gandhi en 1922.

Y ahora, nos deja el reto: "En tiempos de paz es cuando hay que prepararse y organizarse".

¿Estamos dispuestas a *cooperar para afrontar retos increíbles?*

Sí, es posible

Raül Romeva i Rueda
Economista, doctor en Relaciones Internacionales,
doctor en Ciencias de la Educación y el Deporte.

¿Es posible responder a la violencia con la noviolencia? La respuesta a esta pregunta es sí, sin lugar a dudas. Tenemos muchos ejemplos, de todo tipo y condición.

Si alguien aún no está convencido, le recomiendo que lea las numerosas aportaciones de quien está considerado uno de los mayores exponentes de la estrategia de la noviolencia: Gene Sharp, profesor en Massachusetts y Harvard, y fundador de la Institución Albert Einstein.

En *La defensa civil noviolenta*, libro publicado en castellano por el Institut Català Internacional per la Pau en 2018, Sharp desarrolla dos tesis. Por un lado, que es posible desarrollar políticas civiles y métodos de defensa civil noviolenta contra las agresiones internas y externas del Estado, y, por otro, que las dictaduras y las opresiones pueden evitarse con la capacidad de oponer una lucha noviolenta enérgica y eficaz.

En el prólogo del citado libro, Martí Olivella destaca que en los países bálticos –Lituania, Letonia y Estonia– declararon su independencia en 1990 y tuvieron que hacer frente a un intento de agresión por parte de las autoridades soviéticas en 1991, que querían recuperar el control. Durante esta crisis, los tres gobiernos recurrieron en gran medida a los métodos de resistencia noviolenta que habían aprendido de los escritos de Gene Sharp.

El ministro de Defensa lituano, Andreus Butkevicius, dijo en 1991: "Nunca tendremos un ejército suficientemente fuerte para defendernos de un agresor extranjero. Nuestro objetivo solo puede ser derrotarlo moral, económica y políticamente, no físicamente". Y comentando el libro de Gene Sharp, proclamó: "Prefiero este libro a una bomba atómica".

Por todo ello, considero que se trata de un documento muy valioso para afrontar los convulsos tiempos que vivimos, y que ayuda mucho, con ideas y argumentos, a crear una base para un movimiento pacífico y democrático, como ya lo está siendo, gracias a importantes iniciativas.

Además de la citada obra de Gene Sharp, me gustaría recomendar también otro libro de gran vigencia y contrastada solvencia; sin duda, uno de los mejores materiales de que disponemos en la actualidad. Me refiero a *Cómo hacer la revolución*, de Srdja Popovic.

Popovic propone que la acción debe seguir, sobre todo, tres pasos muy lógicos. Primer paso: predica la noviolencia dentro del movimiento. Segundo paso: forma a los compañeros activistas para que sepan reconocer las posibles fuentes de fricción. Y tercer paso: para apuntalar el movimiento contra las tentaciones del demonio de la violencia, hay que defenderlo de los provocadores que, inevitablemente, intentarán colarse en la fiesta.

Los tres pasos son perfectamente aplicables a nuestro caso. De hecho, así lo afirmo y me comprometo a ser practicante y portavoz.

El texto que ahora nos ofrece Martí Olivella, en forma de relatos breves, casi aforismos, se inscribe en esta tradición, y señala un camino tan necesario como útil.

Y es que nuestro compromiso con la noviolencia no es solo una cuestión de principios, sino también por razones más pragmáticas.

En *Why Civil Resistance Works: the Strategic Logic of Non-Violent Conflict*, Erica Chenoweth y Maria J. Stephan estudian todos los conflictos entre 1900 y 2006, 323 en total. El resultado es claro: toma las armas y tienes un 26 % de posibilidades de éxito; practica los principios de la noviolencia y el porcentaje sube al 53 %.

Si no crees en los principios, confía al menos en las estadísticas.

Introducción

Sentar las bases de un **sistema civil de defensa noviolenta** es uno de los objetivos del compromiso de la campaña www.aturemlesguerres.cat, lanzada el 2 de noviembre de 2022. Esperamos que estos mensajes, y el diálogo que suscitan, nos ayuden a imaginar cómo podemos organizarlo. Te invitamos a comentar, citar ejemplos, plantear preguntas y sugerir imágenes ilustrativas. ¡Empecemos! #ADNcat

Campaña "Aturem les guerres"

Desde el 2 de noviembre de 2022 nos reunimos, uno o más días a la semana... más de 350 personas en doce ciudades, delante de ayuntamientos (Barcelona, Girona, Sabadell, Terrassa, Banyoles, Sentmenat, Oliana, Figueres, Gràcia BCN, Manresa...), en plazas (Vilanova i la Geltrú), delante de la Delegación de Hacienda

www.aturemlesguerres.cat

(Lleida) y delante de las dos delegaciones del Ministerio de la Guerra (Barcelona y Tarragona), todos presentando peticiones de mociones a favor de la Iniciativa por la Paz.

Cómo organizar la autodefensa noviolenta en 100 mensajes y una historia increíble

Este libro está escrito en forma de mensajes cortos. Mientras preparamos la edición, lo publicamos en el canal de Telegram y en el grupo https://t.me/ADN_AutoDefensaNoviolenta. También lo publicamos en Mastodon https://mastodont.cat/@adn con el hashtag #ADNcat como alternativa a Twitter que no queremos usar como acto de boicot a estas redes y especialmente a las políticas interesadas de su nuevo propietario.

Como verás a lo largo del texto, AutoDefensa Noviolenta (ADN) es un nuevo concepto que utilizo para referirme de forma abreviada tanto a un sistema civil de autodefensa noviolenta como a su concreción en una organización, que nos permita empezar a construir, aquí y ahora, una propuesta específicamente expuesta en la tercera parte del libro.

Para más información, hacer comentarios u ofrecer colaboraciones: info@lluitanoviolenta.cat.

https://lluitanoviolenta.cat/projecte-defensa-noviolenta

https://aturemlesguerres.cat/adn-autodefensa-noviolenta/

https://t.me/ADN_AutoDefensaNoviolenta

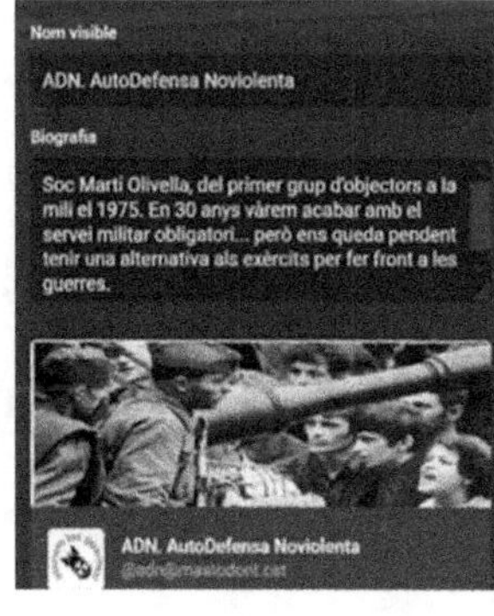

https://mastodont.cat/@adn

Parte 1

PREGUNTAS FRECUENTES CON RESPUESTAS SORPRENDENTES

1. Solo diciendo "**No** a la guerra" ¿podremos detenerla?

Cualquier persona equilibrada está en contra de las guerras. No podemos resolver conflictos echando más leña al fuego. ¿Cómo podemos reivindicar derechos y libertades o modificar fronteras mientras destruimos, matamos, torturamos, asesinamos, violamos a personas, civiles o militares? Decimos no a las guerras, pero si alguien nos ataca, ¿qué hacer en un mundo con más de treinta guerras, con miles de muertos... cuando tanta gente las sufre directa o indirectamente? #ADNcat

2. ¿No tenemos derecho a defendernos cuando nos atacan?

¿Qué hacer cuando nos atacan, nos invaden, nos ocupan? Tenemos que defendernos. Pero, ¿cómo hacerlo sin provocar más violencia? ¿Cómo hacer una defensa eficaz, que no provoque más destrucción y muerte de la que pretende evitar? Tenemos el derecho y el deber de defender la vida de las personas, de los pueblos y sus organizaciones, de la naturaleza y la Tierra; de defendernos de todo tipo de agresiones, sociales, económicas, políticas, culturales... también militares. #ADNcat

3. Si decimos **No** a la guerra, ¿a qué decimos **Sí**?

Decimos NO a las guerras, a la carrera armamentística, a la creciente militarización, a los pactos militares... Decimos sí a las organizaciones multilaterales, al desarme, al derecho internacional... pero también, y hasta ahora no se ha hecho, ¡a los sistemas civiles de autodefensa noviolenta! La legítima defensa no puede ser la excusa para iniciar o escalar ninguna guerra, que provoca el efecto contrario al esperado: no protege a la población, ni sus derechos, ni sus bienes. #ADNcat

4. ¿Cómo defendernos sin provocar más guerras?

¿Cómo podemos organizar una defensa eficaz que reduzca la muerte y la destrucción? Casi siempre la gente identifica "defensa" con "defensa armada" y no sabemos cómo defendernos sin recurrir a los ejércitos y sus armas letales. Pero, como veremos, casi espontáneamente algunas personas han sabido defenderse sin oponer resistencia armada a tropas invasoras muy poderosas. #ADNcat

5. ¿Qué nos han enseñado estas "defensas civiles noviolentas"?

Cuando el pueblo planta cara a los invasores sin violencia, muestra a los soldados las mentiras con las que han sido movilizados, se opone y obstruye la invasión, no coopera en nada y desobedece las órdenes... la invasión se tambalea. En los casos más conocidos, la ocupación nazi de Dinamarca 1940 o la invasión de Checoslovaquia 1968, se redujo la destrucción, se debilitó la motivación de las tropas y se redujo la rentabilidad esperada del ocupante. #ADNcat

6. ¿Cuál es el arte de la autodefensa noviolenta?

Es una población socialmente cohesionada y equilibrada, dispuesta a organizarse y a tomar partido para defender su vida y su país sin depender de las fuerzas armadas como medio de su seguridad y protección. Si está bien organizada, provocará costes económicos, morales y políticos para el invasor el desplazar y mantener una fuerza de ocupación, ¡y será sin los argumentos de "lucha contra el terrorismo" de un pueblo que no responde con violencia! #ADNcat

7. ¿Por qué la autodefensa noviolenta puede ser el mejor elemento disuasorio?

El invasor también debe saber que la ocupación no le será rentable debido a la radical falta de cooperación y a la desobediencia del pueblo. La mejor disuasión es advertirle de que la ocupación no será rentable. Por otra parte, la disuasión nuclear no evita las guerras y aumenta el peligro –por accidente o enloquecimiento– de provocar un holocausto inimaginable, es decir, el fracaso absoluto de los supuestos objetivos de legítima defensa. #ADNcat

8. ¿Por qué fracasan las respuestas espontáneas para bloquear los tanques?

Cuando estalla la guerra es demasiado tarde para organizar una defensa civil noviolenta. Como hemos visto en Ucrania, puede haber respuestas espontáneas de plantar cara a los tanques. Pero cuando hay muertos en ambos bandos, la espiral de violencia no es fácil de detener y se desencadenan las represalias. Ahora es el momento de organizarse. En tiempos de paz es cuando toca prepararse y organizarse (como siempre hacen los ejércitos). #ADNcat

9. ¿Por qué los estados no han organizado una defensa civil noviolenta?

Los estados tienen el monopolio de la violencia y lo ejercen con los ejércitos. Algunos más democráticos organizan a la población en protección civil como sistema complementario a la defensa armada. Ningún Estado con ejército tiene una defensa civil alternativa a la defensa militar. La población de un país sin Estado ni ejército, si sabe activar una autodefensa noviolenta, puede facilitar la independencia y su propia defensa, una vez conseguida. #ADNcat

10. ¿Cuáles son las condiciones sociales favorables a la defensa civil?

Es más fácil defender y proteger lo que sentimos como propio o amamos. La primera condición para esforzarnos, para arriesgar comodidades y vida, es que nos sintamos parte de la sociedad en la que vivimos, y que haya suficiente cohesión social para que merezca la pena defenderla. La sociedad no debe tolerar grandes desequilibrios, desigualdades u opresiones relacionadas con la renta, el consumo, los recursos, las posibilidades... Ni entre la propia población, ni entre la población y el medio natural. #ADNcat

11. ¿La defensa de las agresiones actuales nos prepara para una hipotética agresión militar?

Como no existe una sociedad equilibrada, la práctica de la autodefensa noviolenta debe ejercerse contra las agresiones y la violencia que hoy sufre cada territorio, para tender a restablecer los equilibrios rotos. Esta tarea tiene dos virtudes: mejora las condiciones de vida, la cohesión social y, al mismo tiempo, crea las condiciones más favorables para hacer frente a una hipotética, y no deseada, agresión armada. #ADNcat

Parte 2

¿QUÉ ES LA DEFENSA CIVIL NOVIOLENTA?

12. ¿Cuáles son las ventajas de la defensa civil noviolenta?

Ofrece importantes ventajas estratégicas a corto y largo plazo sobre las estrategias militares tradicionales en la defensa de personas, gobiernos y territorios. Explota las vulnerabilidades políticas de los adversarios cuando busca formas de socavar los pilares esenciales –económicos, políticos, morales– que sostienen al adversario y su maquinaria bélica, minimizando al mismo tiempo los costes, daños y muertes de la sociedad atacada. #ADNcat

13. ¿Qué más aporta la defensa civil noviolenta?

La defensa civil noviolenta puede infundir un grado significativo de empoderamiento cívico, autoorganización, descentralización y solidaridad cívica, elementos necesarios para una democratización de posguerra. "Civil" no solo se refiere al hecho de estar formada por ciudadanos, gente del pueblo, trabajadores, campesinos, indígenas, etc., sino que es una defensa pacífica, desarmada y noviolenta, en contraposición a una defensa "militar". #ADNcat

La mayoría de los mensajes de esta segunda parte están inspirados en el artículo de Maciej Bartkowski de 2015.

Defensa civil noviolenta contra la guerra híbrida rusa

https://lluitanoviolenta.cat/recurs/
nonviolent-civilian-defense-counter-
russian-hybrid-warfare-1

Especializado en historia, estudio y práctica de la resistencia civil. Observa cómo la gente corriente organiza y ejerce una resistencia noviolenta constructiva y coercitiva para conquistar sus libertades y derechos, a menudo contra obstáculos aparentemente insuperables. Sus intereses incluyen las estrategias de resistencia noviolenta contra las dictaduras, la defensa nacional y la lucha contra la desinformación extranjera y nacional.

En este artículo de 2015, expone los principios bien establecidos del conflicto estratégico noviolento y documenta su eficacia para resistir y hacer retroceder la opresión. A continuación, describe cómo la Rusia del presidente Vladimir Putin ha encontrado formas de convertir esta forma de lucha con fines ofensivos, especialmente en Ucrania, pero también en otros países de la periferia rusa. Concluye con algunas recomendaciones políticas sobre cómo Ucrania y la OTAN pueden resistir esta agresión utilizando total o parcialmente medios noviolentos.

14. ¿De qué depende la eficacia de la defensa civil noviolenta?

Depende de la planificación organizativa, de la asociación eficaz entre organizaciones públicas y cívicas, así como con personas implicadas en la aplicación de estrategias noviolentas. A diferencia de la resistencia popular armada violenta, que está en manos de un número limitado, normalmente hombres que operan en una red guerrillera clandestina, la resistencia noviolenta puede movilizar e implicar a toda la sociedad. #ADNcat

15. La población es la base de la defensa civil noviolenta

Todo el mundo puede participar en actos abiertos o discretos de no cooperación, desobediencia y negativa a aceptar la autoridad del adversario represor o invasor. Las acciones noviolentas de todo tipo pueden movilizar a muchos más miles, quizás millones de personas de lo que jamás podría hacerlo la resistencia armada, aportando un poder real, poderoso y fuerte a la defensa contra la invasión y a la resistencia contra la ocupación. #ADNcat

16. ¿Qué papel desempeña la población en la defensa civil noviolenta?

Por "población" hay que entender a la ciudadanía en general y a las organizaciones del país agredido, así como a la ciudadanía y organizaciones del país de la fuerza armada invasora; también a las redes cívicas, y grupos de otros países a los que, en función de los mensajes que reciban, pueden tener la capacidad de dar su apoyo, a un bando o en otro. La defensa noviolenta tiene que buscar el apoyo de estos tres tipos de población. #ADNcat

17. Manual del gobierno lituano sobre defensa civil noviolenta

El Ministerio de Defensa lituano, como veremos con más detalle, publicó en 2015 un manual para que el pueblo lituano lo utilice en caso de invasión extranjera. En él se afirma que los ciudadanos pueden resistir la agresión contra su país no solo mediante la lucha armada. La defensa civil o resistencia civil noviolenta es otra forma de implicación ciudadana frente a la agresión. #ADNcat

18. El desconcierto en el ocupante que provoca la defensa noviolenta.

La ocupación de Dinamarca y Holanda supuso un gran reto para el ejército alemán cuando la población recurrió a la resistencia noviolenta para defenderse. Los nazis alemanes eran expertos en violencia y habían sido entrenados para enfrentarse y derrotar a los oponentes que utilizaban este método, ya fuera con el ejército o con guerrillas. Pero otras formas de resistencia civil y noviolenta les resultaban desconcertantes. #ADNcat

19. El ocupante justifica su acción represiva cuando la resistencia es violenta.

Cuando la resistencia danesa era violenta los nazis alemanes estaban contentos porque sabían cómo actuar y también cuando las formas noviolentas se mezclaban con la acción guerrillera, porque así podían justificar la combinación de una drástica y sangrienta acción represiva contra ambas formas de resistencia, a la vez violenta y noviolenta. #ADNcat

20. El secreto de la defensa civil noviolenta: todos a una

En la defensa civil noviolenta ideal, toda la población, incluidas sus instituciones, redes y grupos formales e informales, forman parte de la fuerza de resistencia y defensa. Esta fuerza, además del despliegue de estrategias de comunicación y operaciones psicológicas, libra una guerra diaria de no cooperación y desobediencia dirigida contra el agresor en todos los ámbitos de la vida social, política, económica y cultural. #ADNcat

21. El secreto de la defensa civil noviolenta: aumentar los costes del invasor

La falta total de cooperación hace que cualquier invasión o posterior ocupación sea insostenible a largo plazo para el atacante. La defensa civil nacional tiene por objeto aumentar los costes para el invasor haciendo tambalear la lealtad de sus tropas, de sus partidarios internos cruciales y del público en general, al tiempo que aumenta la cohesión interna, la solidaridad y la autoorganización de la sociedad combatiente defensora. #ADNcat

22. El secreto de la defensa civil noviolenta: lucha política por medios políticos

En su núcleo esencial, la defensa civil nacional noviolenta es una lucha política llevada a cabo con medios políticos, sociales, económicos, culturales... a través de redes civiles locales y nacionales. Redes flexibles pero integradas que pueden movilizar a cientos de miles, o millones, de personas para actuar contra el agresor en una lucha noviolenta disciplinada, autoorganizada, ágil y flexible. #ADNcat

23. Ejemplos de defensa civil contra fuerzas militares poderosas

En la historia de los conflictos armados violentos estamos redescubriendo ejemplos alentadores y sorprendentes de defensa civil y resistencia noviolenta contra adversarios extranjeros militarmente más poderosos. El adversario invasor, que basa su fuerza en la violencia militar, prefiere enfrentarse a los defensores luchando con armas letales allí donde sabe que tiene una clara ventaja sobre el oponente. #ADNcat

24. Sorprendentes ejemplos de defensa civil que desconciertan a los invasores

El invasor, una vez desafiado con la respuesta asimétrica de las acciones noviolentas masivas de desobediencia y no cooperación, duda y tiene que reaccionar improvisadamente a los acontecimientos en lugar de poder tomar la iniciativa: pierde un tiempo y unos recursos preciosos al tener que ajustar tácticas y estrategias al campo de batalla político y económico, menos favorable e inusual, para los militares. #ADNcat

25. La sorprendente y eficaz resistencia civil danesa a la invasión nazi

En la Segunda Guerra Mundial, los daneses, como ya se ha mencionado, lanzaron una campaña de no cooperación total con los ocupantes nazis. Este tipo de resistencia ayudó a los daneses a darse cuenta de que podían hacer algo para enfrentarse a un adversario mucho más fuerte y brutal. También les hizo más solidarios y les ayudó a crear sistemas de información y comunicación; y a salvar muchas vidas.

La población danesa realizó numerosas huelgas, "de brazos caídos" o "de vuelta a casa antes de tiempo", así como boicots, manifestaciones y sabotajes industriales. Estas acciones pretendían socavar la esperada explotación económica alemana del país. El ejército alemán respondió con represión y estados de excepción, demostrando que las acciones danesas le perjudicaban.

En su lucha contra los ocupantes, la población danesa se guió por diez mandamientos de desobediencia:

1. No debes ir a trabajar a Alemania y Noruega.
2. Trabajarás mal para los alemanes.
3. Trabajarás despacio para los alemanes.
4. Destruirás máquinas y maquinaria importantes [que sirven a los alemanes].
5. Destruirás todo lo que pueda beneficiar a los alemanes.
6. Frenarás todos los transportes [utilizados por los alemanes].
7. Boicotearás las películas y periódicos alemanes e italianos.
8. No comprarás en las tiendas nazis.
9. Tratarás a los traidores por lo que valen.
10. Protegerás a cualquier persona perseguida por los alemanes.

En el transcurso de lo que ahora llamamos una defensa civil clásica, los daneses evitaron a su país cierta destrucción que, de otro modo, podría haber sido similar a la de países como Polonia. En el proceso de resistencia civil, a través de sus redes de solidaridad, los daneses salvaron cientos de miles de vidas, incluidas las de muchos judíos. #ADNcat

26. La sorprendente y eficaz resistencia checoslovaca a las tropas soviéticas

El pueblo de Checoslovaquia emprendió acciones noviolentas contra la invasión de las tropas soviéticas y del Pacto de Varsovia en 1968. Como resultado de esta resistencia, la invasión soviética duró ocho meses en lugar de los pocos días previstos inicialmente. Checos y eslovacos negaron al agresor todo tipo de servicios, comida, agua, vivienda e información.

Lo hicieron con unas sencillas instrucciones de diez puntos que se publicaron en el periódico principal. Cuando un soldado soviético quería algo de los residentes se les aconsejaba que contestaran: 1) No lo sé. 2) No es asunto suyo. 3) No diga nada. 4) No lo tengo. 5) No sé cómo hacerlo. 6) No les dé nada. 7) No puedo hacer nada al respecto. 8) No les vendas nada. 9) No les enseñes nada. 10) No hagas nada.

Por todas partes, las paredes de los edificios estaban cubiertas de pancartas y carteles pintados a mano. Por todas partes, la gente leía los periódicos y folletos que salían de las imprentas clandestinas, a pesar de los esfuerzos de las fuerzas de ocupación por detenerlos. Era la imagen de una ciudad con habitantes absolutamente unidos en una resistencia "pasiva", desarmados frente a los intrusos ajenos.

Allí donde alguien había caído víctima de las balas soviéticas había monumentos improvisados con masas de flores y banderas nacionales. Los letreros de las esquinas de las calles habían sido retirados o alterados para confundir a las fuerzas de ocupación cuando querían detener a alguien u ocupar un edificio. #ADNcat

27. ¿Qué podemos aprender de la resistencia checoslovaca a las tropas soviéticas?

Esta estrategia de resistencia civil no expulsó ni derrotó al ejército soviético, como tampoco lo habría hecho la resistencia armada. En cambio, la estrategia de "aislar socialmente a los invasores y negarles el uso rentable de los recursos nacionales: personal, tecnología y activos" frustró significativamente los planes de ocupación soviéticos.

El plan inicial de las tropas invasoras del Pacto de Varsovia era arrebatar el control del país de manos de los dirigentes comunistas reformistas de Checoslovaquia y establecer en cuatro días un control militar y político soviético indiscutible sobre el país. Sin embargo, tardaron ocho meses en hacerlo, mucho más de lo que habría sido el caso si la resistencia hubiera sido violenta.

Un alzamiento armado de checos y eslovacos contra los invasores soviéticos habría asegurado una completa y dura derrota como ocurrió en Hungría, la década anterior, en noviembre de 1956. En Budapest, una vez dadas las órdenes, las fuerzas soviéticas tardaron solo 6 días en derrotar el alzamiento armado húngaro.

La resistencia noviolenta permitió a los checoslovacos preservar el tejido social y económico y salvaguardar la fuerza cívica para continuar la resistencia con la autoorganización y la movilización noviolentas. Esto, sin saberlo, sentó las bases para la transición pacífica de Checoslovaquia a la democracia en 1989, sin olvidar el divorcio pacífico sin precedentes de la República Checa y Eslovaquia en 1993. #ADNcat

28. El olvido de las buenas experiencias
y los nuevos intentos de abrir nuevos caminos

Tanto en Dinamarca como en Checoslovaquia, la defensa civil protegió a los civiles y al país mejor que cualquier resistencia armada. A pesar de estos éxitos –ciertamente relativos–, la idea nunca ganó adeptos en el Occidente militarizado durante la Guerra Fría. Sin embargo, tuvo un breve renacimiento inmediatamente después del final de la Guerra Fría, especialmente en el contexto de la independencia de las Repúblicas Bálticas. #ADNcat

29. Las apuestas de las Repúblicas Bálticas
por la defensa civil

En 1990, los estados bálticos, con la experiencia del proceso de independencia, se plantearon adoptar estrategias civiles noviolentas en defensa nacional, ya que reconocían que sus capacidades militares convencionales eran insignificantes comparadas con las de Rusia y que, si llegaba la guerra, la ocupación sería inevitable. Por ello, estos países elaboraron planes para la resistencia total de los ciudadanos. #ADNcat

30. La apuesta de Lituania

Tras el referéndum de independencia (1991), el Consejo Supremo de Lituania reguló las acciones de los ciudadanos y las instituciones en caso de ocupación soviética. Exigía la adhesión "a los principios de desobediencia, resistencia noviolenta y no cooperación política y social como principales medios de lucha por la independencia". Y por decreto se creó la Comisión de Defensa Psicológica y Resistencia Civil del Departamento de Defensa. #ADNcat

31. La apuesta de Letonia

En 1990, el Frente Popular de Letonia llamó a la población civil a implicarse en la no cooperación total en caso de ocupación, así como a "ignorar las órdenes de los atacantes, no participar en ninguna elección ni referéndum, y documentar todos los crímenes perpetrados por los atacantes". Prepararon planes para defender las instituciones públicas, formando cadenas de personas desarmadas a su alrededor.

En 1991, el Consejo Supremo de Letonia acordó la creación de un Centro de Resistencia Noviolenta: la defensa civil en Letonia debe ser un complemento constante de sus defensas militares, con el fin de compensar su relativa debilidad militar, mejorar la autoestima de sus ciudadanos y servir como posible elemento disuasorio en caso de una posible agresión.

La defensa civil se utilizaría 1) como medio de defensa básico en caso de que el ejército agresor supere con creces al de las unidades militares letonas, ya que la defensa militar directa es inútil e incluso

Rafael Poch da otra versión de los hechos en Lituania

https://blogs.lavanguardia.com/berlin-poch/el-kaganato-de-kiev-y-otras-historias-55192

En Lituania había un auténtico movimiento popular nacional. Moscú jugó movilizando a la minoría rusa. Quería provocar enfrentamientos y luego intervenir militarmente como "mediador". Esto condujo al "Domingo Sangriento" del 13 de enero de 1991. Las tropas rusas llegaron a la torre de TV para desalojarla, pero los ciudadanos bloquearon el lugar. Entonces actuaron francotiradores. Más de una docena de personas murieron por disparos y muchas más resultaron heridas. Les dispararon desde los tejados y balcones de los edificios circundantes. ¿Quién disparó a la multitud? "Mis hombres no estaban destinados allí", "La tropa especial del KGB no llevaba munición real en sus armas, solo en los bolsillos como reserva, nuestro objetivo era entrar en la sede de la televisión", explica el jefe de la operación rusa, Mijaíl Golovatov (en *Die Presse*, 3 de septiembre de 2011). Todo esto se dijo inmediatamente después del suceso, pero ¿quién habría creído que Goliat no disparó a David y que no se trató de una "masacre del KGB"? Pasaron más de diez años antes de puede servir de pretexto para represiones violentas contra la población civil; 2) como medio de defensa adicional, si está en peligro ante un agresor cuyas fuerzas sean aproximadamente iguales a las suyas; 3) como medio de defensa adicional en caso de golpe de estado. #ADNcat

que el propio Butkevicius explicara que fueron sus hombres, armados con rifles de caza, quienes dispararon a la multitud desde los tejados. Lo dijo en una entrevista con la revista *Obzor* publicada en 2000:

"No puedo justificar mi acción ante los familiares de las víctimas, pero sí ante la historia, porque aquellos muertos infligieron un doble golpe violento contra dos bastiones esenciales del poder soviético: el ejército y el KGB. Así los desacreditamos. Lo digo claramente: fui yo quien planeó todo lo que ocurrió. Yo había trabajado durante bastante tiempo en la Albert Einstein Institution con el profesor Gene Sharp, encargado entonces de lo que se definía como "defensa civil", es decir, guerra psicológica. Sí, yo programé la manera de poner al ejército ruso en dificultades, en una situación tan incómoda que obligara a todos los oficiales rusos a pasar vergüenza. Era la guerra psicológica. En aquel conflicto no habíamos podido ganar con el uso de la fuerza, eso lo teníamos muy claro, por eso trasladé la batalla a otro plano, el de la confrontación psicológica, y gané".

"De lo contrario habría muerto mucha más gente, en esa situación solo murieron los que murieron", afirma Butkevicius en el vídeo de enero de 2013.

Comentario del autor: Los atentados terroristas de falsa bandera no tienen nada que ver con la defensa civil noviolenta ni con la guerra psicológica, independientemente de quién los cometa o cómo los justifique.

32. La apuesta de Estonia

En 1991, las autoridades estonias idearon el plan de "desobediencia civil", que aconsejaba a la población: "tratar como ilegales todas las órdenes que contradigan la ley estoniana; llevar a cabo una desobediencia estricta y no cooperar con todos los intentos soviéticos de imponer el control; negarse a suministrar información vital a las autoridades soviéticas; y, cuando sea necesario, eliminar los nombres de las calles, las señales de tráfico, los números de las casas; no dejarse provocar hacia acciones temerarias; documentar por escrito y con película las acciones soviéticas y utilizar todos los canales para distribuir esta documentación internacionalmente; preservar el funcionamiento de las organizaciones políticas y sociales, por ejemplo, crear organizaciones de seguridad y almacenar equipos esenciales; implementar acciones de masas cuando sea apropiado; y entablar una comunicación creativa con fuerzas potencialmente hostiles". #ADNcat

33. ¿Cuánto duraron las apuestas bálticas?

Tras el fallido golpe de estado de Moscú en agosto de 1991, Letonia y Estonia abandonaron la defensa nacional de base civil. Lituania la mantuvo y en 1996 adoptó la Ley de Seguridad Nacional: "en caso de asalto, los ciudadanos y sus estructuras autoactivadas emprenderán acciones de protección civil –resistencia noviolenta, desobediencia y no colaboración con la administración ilegal–, así como de resistencia armada". #ADNcat

34. ¿La OTAN frustró estas apuestas?

En 2004, Lituania, junto con otros dos estados bálticos y cuatro países centroeuropeos, ingresó en la OTAN, lo que creó la percepción de que la asimetría entre las fuerzas armadas lituanas y su probable enemigo del este ya no era relevante. En 2005, la estrategia de defensa civil se retiró de la ley de seguridad nacional lituana. De este modo, la OTAN dejaba de interesarse por las estrategias de defensa civil no militares y noviolentas en los estados bálticos. #ADNcat

35. ¿El regreso de Lituania a la defensa civil?

El Ministerio de Defensa Nacional lituano, como hemos visto, publicó en 2015 un *Manual sobre cómo prepararse para situaciones de emergencia y guerra*. Reintrodujo la defensa civil noviolenta en la estrategia de defensa nacional destacando el papel de las instituciones estatales, los servicios de emergencia, las fuerzas de seguridad, incluyendo medidas para aumentar la seguridad de la población en caso de conflicto armado.

El manual proporciona detalles sobre las acciones que pueden llevar a cabo los civiles para desafiar una agresión exterior sin armas. El manual ilustra hasta qué punto el gobierno lituano se ha vuelto escéptico sobre la capacidad de la OTAN para hacer frente a la amenaza de una guerra híbrida externa. Destaca los "198 métodos no violentos" de Gene Sharp, con las diferentes categorías de tácticas: protesta y persuasión, no cooperación e intervención noviolenta.

El manual, como planteaba Sharp, afirma que "en el caso de la defensa civil, toda la sociedad es una fuerza para la lucha noviolenta". El manual propone el uso de cualquiera de las categorías de tácticas noviolentas dependiendo de la situación y anima a la no cooperación organizada, incluyendo boicots y campañas de desobediencia en caso de ocupación.

El manual aconseja repartir octavillas y prensa clandestina, hacer "huelgas de hambre" y "de brazos caídos", no reconocer a las instituciones ocupantes y no participaren ellas, establecer una red de portales web que difundan información sobre la resistencia civil, portar símbolos nacionales, quedarse en casa para "recibir" a los invasores con calles y edificios vacíos, ignorar el toque de queda y "no ayudar en nada a los ocupantes".

También recomienda ejercicios de entrenamiento –lo que podrían denominarse juegos de guerra noviolentos– para preparar y practicar la aplicación de estas medidas. Según el manual, cuanto mayor sea la comprensión de las acciones noviolentas entre la población en general, mejor preparada estará la gente para utilizarlas. #ADNcat

36. ¿Cómo extender el campo de batalla noviolento a la población del adversario?

En 1923, tropas francesas y belgas ocuparon la cuenca minera e industrial del Ruhr en respuesta al incumplimiento por parte de la República de Weimar de las reparaciones de guerra acordadas en Versalles. Las opiniones de la sociedad francesa y belga sobre la invasión cambiaron de forma gradual, pero significativa, a medida que se hizo evidente el efecto de la postura noviolenta de la población alemana del Ruhr.

Miles de franceses fueron al Ruhr como soldados o civiles y se convirtieron en defensores de los alemanes. Por primera vez vieron a los alemanes como eran realmente. Conocieron a un pueblo trabajador, que vivía en casas cuidadas, gente muy distinta de la que les había hecho creer la propaganda bélica. Hubo muchos oficiales de alto rango que fueron sustituidos por su actitud amistosa hacia los alemanes. #ADNcat

37. La eficacia de la confraternización en el cambio de lealtad

Algunos palestinos intentan acercarse a los activistas israelíes que se oponen a las políticas de ocupación del gobierno israelí, pero sus esfuerzos por ganarse a una parte de la sociedad israelí se ven socavados por la violencia de otros grupos palestinos. En estos casos, la estrategia noviolenta se basa en reducir la distancia social entre la sociedad que se defiende y la población que vive en el régimen que ataca a esa sociedad. #ADNcat

38. La defensa civil logra más simpatías que la resistencia violenta

La defensa civil tiene más posibilidades de ganarse la simpatía, la solidaridad y la ayuda técnica y económica internacionales que la resistencia violenta. En teoría, las democracias no siempre deciden suministrar armas a una de las partes de un conflicto. Las sociedades democráticas a menudo permanecen divididas sobre la cuestión de la ayuda militar, incluso si sus gobiernos aprueban finalmente esta ayuda.

En cambio, la ayuda internacional a la defensa civil puede movilizar a menudo a millones de personas en el extranjero. Por ejemplo, la lucha noviolenta contra el *apartheid* en Sudáfrica en la década de 1980 movilizó y unió a la opinión pública norteamericana en torno a la campaña "Free South Africa". A pesar de la oposición de Reagan, la campaña condujo a la adopción de sanciones económicas por parte del Congreso estadounidense en 1986. #ADNcat

39. Las dos vías: la iniciativa gubernamental y la iniciativa ciudadana

Muchos de los ejemplos históricos de resistencia y defensa civil se han improvisado ante la imposibilidad de enfrentarse militarmente a una fuerza armada muy superior y con el objetivo de evitar el máximo número de muertes, bajas y destrucción. El éxito, siempre relativo y temporal, ha sido mayor cuando gobierno y población han unido sus fuerzas para hacer frente a la invasión y ocupación.

Aparte de Lituania, ningún Estado europeo ha apostado por la defensa civil noviolenta, ni parece dispuesto a hacerlo, y menos en el marco de la OTAN, que ha destruido cualquier intento de aplicarla, para mantener su hegemonía, y su dependencia de las armas y el militarismo. Esta sería, la casi inexistente, vía de iniciativa gubernamental de defensa civil.

Por lo tanto, aunque la defensa civil noviolenta, combinada gubernamental-ciudadana, parecería ser la más efectiva, cuando el gobierno no quiere apostar por ella, solo queda la iniciativa ciudadana para organizar un sistema civil de defensa noviolenta. Y sería bueno considerar, que la implementación de esta vía civil noviolenta, podría despertar de nuevo el interés por la implicación gubernamental y generar, así, un sistema más potente de defensa civil y gubernamental noviolenta. #ADNcat

40. Defensa en las naciones sin Estado

Si casi ningún Estado con ejército no está interesado en avanzar hacia una defensa civil noviolenta, solo las naciones sin Estado y sin ejército tienen una doble oportunidad en la vía civil de defensa noviolenta: mejorar las capacidades de la población para lograr la independencia y, una vez lograda, poder defenderla sin tener que recurrir a la lenta, costosa y peligrosa creación y mantenimiento de unas fuerzas armadas o a la entrada en una alianza militar. #ADNcat

41. La defensa en las naciones sin Estado. El caso catalán

Cataluña, si consigue la independencia con la fuerza noviolenta del pueblo (¿tiene otra forma?) debe defenderla con esta misma fuerza. Pero esta fuerza noviolenta solo puede serlo si, a partir de ahora, se organiza para estos dos objetivos. Como veremos, la propuesta de crear agrupaciones territoriales de Autodefensa Noviolenta es un paso hacia el primer objetivo que, con la independencia, sería la base de una Defensa Civil Noviolenta Catalana. #ADNcat

42. Ahora, en el caso catalán, ¿de quién tenemos que defendernos?

Si consideramos Cataluña como un país ocupado, tenemos que defendernos de: 1) El Estado español que mantiene la ocupación política con un marco legal inalterable y con los sistemas financiero, judicial y represivo a su disposición. 2) Las transnacionales –incluidas las españolas y catalanas– que mantienen la ocupación económica y cultural con el control de las inversiones, la amenaza a los puestos de trabajo y la aculturación hispano-globalizadora. 3) La falta de cohesión social y nacional, los desequilibrios de todo tipo, que aumentan los conflictos entre sectores de la población de diferentes orígenes, lenguas, clases... atizados por las fuerzas del Estado español que quieren mantener la unidad del país. No solo "es catalán quien vive y trabaja en Cataluña", sino que también es catalán quien, al menos, respeta Cataluña; y, para respetar un país, éste debe tratarte con dignidad. #ADNcat

43. En una república catalana, ¿de quién tendríamos que defendernos?

En el caso de una República Catalana, la única amenaza a la integridad territorial sería la reacción del propio Estado español y sus Fuerzas Armadas. Ningún otro país vecino sería una amenaza a tener en cuenta, salvo que nos abriéramos a los "vecinos" enemigos de la OTAN, en el caso de que la República Catalana formara parte de ella.

Para hacer frente a la amenaza de las Fuerzas Armadas españolas, una Cataluña independiente (o en proceso de reconocimiento) no tendría ninguna posibilidad de enfrentarse con éxito a ellas, ya que no dispondría de fuerza armada propia y, en todo caso, sería imposible crear una capacidad defensiva militar efectiva, sin que hubieran transcurrido bastantes años.

Por tanto, la única forma realista de defenderse de una amenaza militar durante el proceso independentista, o después de la independencia, es haber creado una fuerza ciudadana noviolenta, bien organizada, para aplicar las posibilidades disuasorias y de resistencia de la vía civil de defensa noviolenta; una creación posible ahora, dentro de un marco legal, que no sería tan fácil de impedir como si fuera, obviamente, la creación de una fuerza de lucha armada.

Sentar las bases de una vía civil de defensa noviolenta, promoviendo, como veremos, grupos de Autodefensa Noviolenta, requiere poco dinero y tiene menos riesgos que otras vías, al ser una autodefensa sin armas, ni ningún uso de la violencia. Centrada en la defensa de las agresiones contra los derechos humanos, políticos, sociales y medioambientales, es, al mismo tiempo, una herramienta para fortalecer la cohesión social, condición básica para el éxito de cualquier defensa noviolenta. #ADNcat

44. En una república catalana, ¿cómo contribuir a la seguridad humana y a la paz?

La contribución a la seguridad comuna europea debe formar parte de la seguridad humana global y, por lo tanto, en nombre de la primera no podemos participar en políticas u operaciones que pongan en peligro la seguridad global, como tienden a hacer algunos estados europeos, con o sin la OTAN. Un país desmilitarizado, neutral y con una defensa civil noviolenta en Europa podría ser la mejor contribución a la paz y a la seguridad global.

Que esta neutralidad dificulte el reconocimiento de la República Catalana como nuevo Estado en Europa dependerá del papel que la fuerza noviolenta del pueblo habrá tenido en la consecución de la independencia. Si ha sido decisiva ¿cuál otra podría ser? se habrá ganado el respeto y la confianza de ser una fuerza de disuasión, y aún más, podría ser un modelo exportable a otros lugares y procesos. #ADNcat

Parte 3

LO QUE PODEMOS HACER AHORA Y AQUÍ: AUTODEFENSA NOVIOLENTA (ADN)

45. ¿Qué es una agrupación de AutoDefensa Noviolenta (ADN)?

La organización territorial de la autodefensa noviolenta, las ADN, es una implementación de la vía ciudadana de defensa civil. A diferencia de los ministerios de defensa (¿de guerra?) con políticas no solo defensivas, sino también violentamente ofensivas –por el tipo de armas y operaciones que llevan a cabo–, la autodefensa noviolenta solo puede ser defensiva: solo puede existir para proteger a las personas, sus derechos, instituciones y el territorio donde viven, de cualquier agresión. #ADNcat

46. ¿En qué se inspira una agrupación de AutoDefensa Noviolenta (ADN)?

La organización de las agrupaciones de AutoDefensa Noviolenta pretende sentar las bases de un Sistema Civil de Defensa Noviolenta inspirado en experiencias históricas, como las mencionadas anteriormente, y en las diferentes propuestas elaboradas por Gonzalo Arias *(El Antigolpe* y *El ejército incruento del mañana)* y Gene Sharp *(La defensa civil noviolenta)*, así como estudios realizados en Cataluña, como *Un Estat segur i en pau*, publicados en gran parte por el Institut Català Internacional per la Pau (ICIP).

Las ADN son una propuesta de organización ciudadana inspirada en iniciativas como el Árbol de Asambleas (Xirinacs), Somos personas y decidimos, Sociocràcia, Convivialismo, el Manifest Re-evolució noviolenta o extermini o Democracia Comunitaria. Las ADN apuestan por el equilibrio en las relaciones humanas y de estas con la naturaleza de la que formamos parte, por lo que renuncian a emprender todo tipo de agresiones y violencias para conseguir sus objetivos. #ADNcat

https://lluitanoviolenta.cat/projecte-defensa-noviolenta

Un sistema civil de defensa noviolenta como alternativa a los sistemas militares de defensa violenta

No puede ser que, ante una guerra más, a falta de una alternativa de defensa civil noviolenta, la población solo pueda elegir entre

47. ¿Cuál es el indicador de unas relaciones equilibradas?

Un indicador clave para conocer el grado de equilibrio en las relaciones de un territorio (calle, barrio, pueblo, ciudad, región, nación, continente, mundo...) es el grado de cohesión social y natural de las personas que lo habitan. Una fuerte cohesión comunitaria es el resultado de un alto nivel de necesidades humanas cubiertas que hace de este territorio un espacio muy habitable para todos y, por tanto, un espacio digno de ser defendido. #ADNcat

apoyar la guerra (con más armas, más soldados, más presupuesto...) o clamar por parar la guerra (con más manifestaciones antimilitaristas y por el desarme, más llamadas al diálogo, más análisis sobre las causas de la guerra...).

En los últimos cien años ha habido muchas experiencias, estudios y propuestas en todo el mundo para sentar las bases de un **sistema civil de defensa noviolenta** como alternativa a los habituales sistemas militares de defensa violenta.

La alternativa es posible. Este proyecto, si consigue la necesaria contribución e implicación ciudadana, quiere proponer cómo podría ser este Sistema Civil de Defensa Noviolenta en Cataluña, tanto en la fase actual como en el caso de convertirse en un Estado independiente.

Se recomiendan una docena de libros, se exponen los antecedentes y se propone cómo iniciar un ADN.

Gonzalo Arias Bonet

https://lluitanoviolenta.cat/
autor/arias-bonet-gonzalo

Gonzalo Arias fue uno de los pioneros de la noviolencia en España y escritor de una docena de libros desde su visión noviolenta y cristiana.

Nació en el seno de una familia de clase media. Terminó la carrera de Derecho, pero cuando se interesó más por la carrera diplomática, se trasladó a París, donde trabajó como traductor para el Ministerio de Información y la Unesco.

En París descubrió el libro *L'Action Nonviolente* de Joseph Pyronnet, que cambió su visión cristiana y el descubrimiento de la noviolencia que le marcó para siempre. Su primer libro *Los encartelados*, una novela-programa (marzo de 1968 en Francia) se distribuyó clandestinamente. El propio Gonzalo Arias hizo realidad el personaje de ficción el 20 de octubre de 1968 en Madrid. Como consecuencia, fue detenido y condenado a siete meses de prisión y a una multa de doce mil pesetas. Se considera que fue la primera acción explícitamente noviolenta que se llevó a cabo en España.

En 1971 participó en una marcha de apoyo a los objetores de conciencia en el servicio militar y en 1976 denunció públicamente la tortura policial. Escribió varios libros para proporcionar una base teórica al movimiento noviolento.

El antigolpe. Manual para la resistència noviolenta a un golpe de estado

https://lluitanoviolenta.cat/recurs/el-antigolpe-manual-para-la-respuesta-noviolenta-un-golpe-de-estado

¿Qué tendría que hacer una población para defenderse de militares y políticos golpistas? *El Antigolpe* fue uno de los pocos libros que intentó responder a esta pregunta tras el intento de golpe de estado del 23 de febrero de 1981 en plena transición democrática española. De ahí la importancia de esta obra que Gonzalo Arias tuvo que editar en solitario después de que doce editoriales se negaran a publicarla.

El libro plantea cuestiones que siguen siendo de actualidad: el carácter jerárquico y las líneas de obediencia a las fuerzas armadas, el estudio de los intentos fallidos de golpe de estado mediante la práctica de la desobediencia dentro y fuera del ejército, y el examen de los crímenes del pasado para analizar qué falló en la resistencia popular.

El ejército incruento del mañana

https://lluitanoviolenta.cat/recurs/
el-ejercito-incruento-de-manana-
materiales-para-un-debate-sobre-
un-nuevo-modelo-de-defensa-1

Gonzalo Arias recoge diferentes propuestas sobre defensa civil y sugiere cómo podría armarse una organización defensiva con voluntarios entrenados en las estrategias y tácticas de la lucha noviolenta.

La defensa civil noviolenta

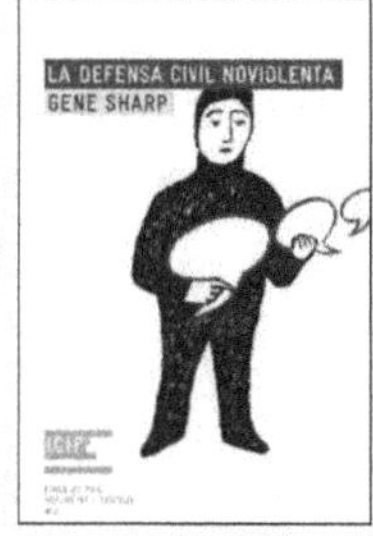

https://www.nonviolent-conflict.org/resource/civilian-based-defense-a-post-military-weapons-system/

Los países bálticos, Lituania, Letonia y Estonia, declararon su independencia en 1990 y se enfrentaron a un intento de agresión por parte de las autoridades soviéticas. Durante la crisis, los tres gobiernos recurrieron en gran medida a los métodos de resistencia noviolenta que habían aprendido de los escritos de Gene Sharp. En aquella situación, Andreus Butkevicius, ministro de Defensa lituano, citando el libro de Gene Sharp, proclamó: "Prefiero este libro a una bomba atómica".

La defensa civil noviolenta recopila y repasa los conflictos más significativos afrontados con medios noviolentos hasta 1990. También expone las claves que permitirían fundamentar una respuesta civil noviolenta a dos tipos de conflictos: los golpes de estado y las invasiones. Después de casi tres décadas, numerosos acontecimientos han corroborado las propuestas de Gene Sharp en multitud de conflictos, demostrando que una respuesta noviolenta para hacer frente a ambas amenazas es posible y que está en manos de cualquier pueblo, especialmente si está preparado.

Árbol de las asambleas

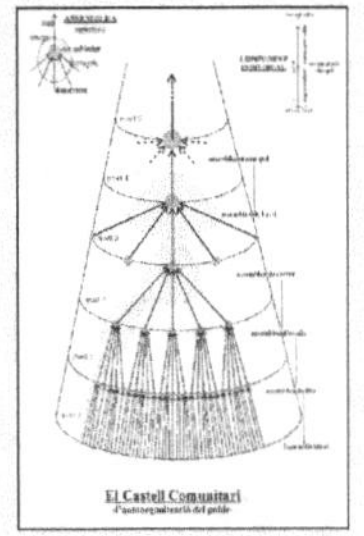 

Documentos que forman parte de la estrategia de consecución elaborada por Lluís Maria Xirinacs, basada en un árbol de asambleas, para vertebrar a los pueblos de cada nación y luchar por su liberación, practicando la noviolencia.

Somos personas y decidimos

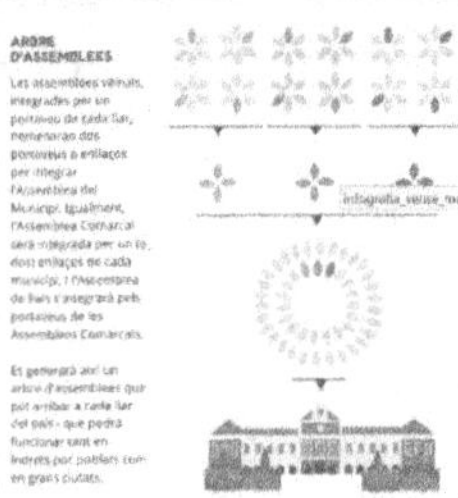 

Una iniciativa que trata de poner en práctica el Árbol de las Asambleas en el contexto actual. Aquí y ahora, somos la voz y la fuerza del pueblo: participemos en los diálogos constituyentes en todo el país sobre clima, vivienda, igualdad de género, economía y democracia participativa. Ejerzamos la democracia popular y hagámosla vinculante en el multireferendum final.

48. ¿Cuáles son los objetivos de una ADN para reforzar la cohesión comunitaria?

La ADN de cada territorio –de la calle, de la ciudad...– contribuye, directamente o a través de la presión política, a que cada persona que vive allí, como mínimo:

1. No pase hambre ni sed, no esté desnutrida y coma sano.
2. No sufra frío ni calores extremos, tenga ropa adecuada y un hogar decente.
3. No sea desatendida ni discriminada por ninguna diversidad u origen personal o grupal.
4. Tenga una ocupación libre, digna y útil, con unos ingresos adecuados a sus necesidades y posibilidades.
5. Tenga atención y tratamiento adecuados para hacer frente a cualquier enfermedad.
6. Tenga acceso a conocimientos verdaderos e información adecuada a sus intereses.
7. Pueda expresar libre y responsablemente sus opiniones y preferencias.
8. Sea capaz de influir y participar en las decisiones comunitarias y políticas en distintos ámbitos.
9. No sea agredida ni sufra violencia impunemente sin recibir protección, y pueda ser resarcida.
10. Viva en un entorno no degradado donde no dañemos el aire, el agua, el suelo, la flora y la fauna.

#ADNcat

Construir un Estado seguro y en paz

https://lluitanoviolenta.cat/recurs/
construir-un-estat-segur-i-en-pau

Construir un Estado seguro y en paz es una contribución al diálogo social sobre la seguridad y la defensa de los estados. Pretende aportar argumentos para que tanto los estados existentes como los de nueva creación, como puede ser el caso de Cataluña en el futuro, aborden los conflictos desde una perspectiva no militar y abandonen la defensa armada como pilar de la seguridad humana.

Durante tres años un grupo de personas del ámbito de la paz de diferentes organizaciones y colectivos de Cataluña compartieron reflexiones e ideas para encontrar formulaciones comunes a los conceptos debatidos. El Seminari Estat de Pau, heredero del colectivo Pau i Treva, se creó en septiembre de 2012 para dar respuesta a las inquietudes de los movimientos sociales catalanes ante un proceso soberanista que quería ser radical en sus planteamientos, pero profundamente pacífico, democrático y noviolento en sus formas.

49. ¿Con qué cuenta una ADN para avanzar en estos objetivos?

Una agrupación ADN utiliza las capacidades de la **vía noviolenta:**

- **Conciencia** de la interconexión y el respeto entre todas las personas y los seres vivos.
- **Comunicación empática** en las relaciones interpersonales y los conflictos sociales.
- **Lucha noviolenta** para hacer frente a la violación de derechos y libertades.
- **Resistencia civil noviolenta** para hacer frente a las agresiones violentas.
- **Defensa civil noviolenta** para hacer frente a invasiones y ocupaciones armadas.

#ADNcat

50. ¿Cuáles son los elementos clave de la lucha noviolenta?

La lucha noviolenta debe tener **un objetivo equitativo y verdadero**, pero necesita:

- **Estrategia:** cómo lograremos el objetivo que queremos alcanzar.
- **Actitud:** cómo despertamos empatía y que mucha gente apoye la causa.
- **Campañas:** cómo articular diferentes acciones en mensajes claros.
- **Acciones:** cómo concentrar la energía en objetivos alcanzables que nos lleven al general.
- **Técnicas:** cómo entrenamos y ejercitamos las habilidades para llevar a cabo acciones con éxito.

#ADNcat

Convivialismo

t.me/convivialisme
(https://t.me/convivialisme)

Propuesta elaborada por unos 300 pensadores y activistas de muchos orígenes: **un mundo en el que aprendamos el arte de convivir, buscando el equilibrio en todas las relaciones, con la Tierra, con respeto y sin matarnos, es vital si no queremos extinguirnos, y aún es posible.** Ya no es posible un mundo en el que aprendamos las malas artes de la sumisión, con excesos y delirio de grandeza, provocando desequilibrio en todas las relaciones, también con la Tierra, lo que nos lleva al colapso e incluso a la extinción.

Re-evolución global noviolenta o exterminio total

Una nueva y gran re-evolución global está emergiendo y es imperativo parar el casi inexorable autoexterminio total de la civilización actual y de gran parte de las formas de vida, especialmente la humana, en el planeta Tierra.

https://lluitanoviolenta.cat/re-evolucio-noviolenta-o-extermini

Una re-evolución, entendida como un conjunto de evoluciones rápidas, drásticas, efectivas, individuales y colectivas que afectan a la globalidad de las interrelaciones humanas y de éstas con la naturaleza.

Una re-evolución post-violenta, que no cuenta con la violencia porque la considera un carácter recesivo de la humanización, una característica patriarcal y machista a superar.

Institut Català Internacional per la Pau

https://www.icip.cat/
ca/?s=noviolencia

El Institut Català Internacional per la Pau (ICIP) es una institución pública e independiente, creada por el Parlamento de Cataluña en 2007, con el objetivo de promover la cultura de la paz en la sociedad catalana y en el ámbito internacional, y conseguir que Cataluña desempeñe un papel activo como agente de paz en el mundo.

El ICIP es una organización autónoma con personalidad jurídica propia. Presta servicios a las administraciones públicas, al mundo académico y a la sociedad civil, e informa al Parlamento, al Gobierno y al público en general.

Entre las numerosas publicaciones destacan libros y estudios sobre la noviolencia.

Democracia comunal

https://directa.cat/una-forca-collectiva-per-a-tres-combats/

Las nuevas instituciones de democracia comunal, como resultado de la confluencia del tejido político, social, económico y cultural local, deberán ejercer la autodeterminación colectiva en todos los ámbitos de la vida, como ejercicio práctico de resolución de las necesidades sociales, económicas, culturales y ecológicas de la población, y deberán hacerlo desde un delicado equilibrio: manteniendo su propia autonomía, evitando las servidumbres de la política institucional, sin menospreciar una necesaria intervención en las instituciones políticas existentes. Es decir, sin renunciar a someterlas a una profunda democratización, y sin renunciar a sostener, material y discursivamente, escenarios de autodeterminación general, claves en la configuración de las mayorías sociales de nuestro país.

51. ¿Qué tipos de acciones o campañas combina la lucha noviolenta?

- **Diálogo:** habla siempre con el adversario, antes, durante y después...
- **Denuncia:** necesidad de concienciar sobre el conflicto, mostrar los desequilibrios...
- **No cooperación:** retirada de la colaboración hacia el adversario, sin hacer nada ilegal...
- **Desobediencia civil:** dejar de someterse a leyes o normas injustas, asumiendo los riesgos.
- **Creación de alternativas:** mostrar cómo sería la vida si se acabara la injusticia denunciada.

#ADNcat

52. ¿Cómo se organiza la ADN en cada lugar?

Las ADN se autoorganizan en pequeños **grupos voluntarios** de personas que trabajan juntas:

- **Diagnóstico** de los desequilibrios, priorizando de entre los más graves, los que podemos resolver.
- **Plan de resiliencia** para reducir los desequilibrios y las agresiones, empezando por los más viables.
- **Formación,** entrenamiento y organización en la vía noviolenta.
- **Campañas** noviolentas de defensa y equilibrio territorial para aplicar el plan.
- **Coordinación** con otras ADN para ampliar el impacto de las campañas.

#ADNcat

53. ¿Cuáles son los objetivos y las relaciones de una ADN?

Cada ADN se esfuerza por establecer relaciones equilibradas entre sus miembros y garantiza su participación tanto en la orientación de las prioridades como en la eficacia de las acciones. Fomenta la estima mutua y la empatía: solo defendemos aquello de lo que cada uno se siente parte. Cada ADN aspira a extender esta búsqueda a todo el país y a todo el mundo; entiende sus acciones como aportaciones a los equilibrios que hacen de la Tierra un planeta habitable para todos. #ADNcat

54. ¿Qué significa comprometerse con una ADN?

Los miembros de una ADN se comprometen a firmar y hacer efectiva la Declaración de Compromiso y a acoger a todas las personas que deseen asumirla e implicarse en ella. Se organizan sociocráticamente: las personas "asociadas" buscan complementar la implicación participativa tanto en la toma deliberativa de decisiones, como en la ejecución operativa de las mismas. #ADNcat

Declaración de compromiso

ADNCAT 

https://lluitanoviolenta.cat/
files/pdf/declaracio_de_
compromis_amb_adn.pdf

Declaración

Las Autodefensas Noviolentas buscan el equilibrio en las relaciones humanas y con la naturaleza, de la que formamos parte, y desean evitar, y por tanto renuncian, a involucrarse en todo tipo de agresión y violencia para lograr sus objetivos.

Las personas designadas como miembros de la ADN territorial de ...... nos comprometemos a hacer efectiva esta Declaración y a acoger a todas las personas que deseen asumirla e implicarse.

55. ¿Qué significa decir que las ADN funcionan y se coordinan sociocráticamente?

Las ADN se forman en círculos de hasta siete miembros, toman decisiones por consentimiento (nadie en contra), incluyendo la elección de responsables –secretaria, coordinación y dos enlaces– sin candidaturas previas. El enlace de cada círculo con los círculos más internos aporta la visión de los círculos más externos, el enlace de los círculos internos con los círculos externos, vela por la coordinación operativa de las decisiones tomadas. #ADNcat

56. La experiencia y la relevancia en luchas anteriores es una buena base para la ADN

Organizar las ADN no se improvisa, es necesario contar con personas, organizaciones y redes descentralizadas que tengan experiencia en luchas noviolentas en defensa del territorio, la vivienda, los conflictos laborales, ambientales, climáticos, culturales, lingüísticos.... por los derechos humanos, sociales, nacionales, de las mujeres, de los migrantes; contra el armamentismo, la deuda, el consumismo y los grandes desequilibrios planetarios.

Las personas que luchan cada día por la cohesión social, por el respeto al medio natural, por la transición ecosocial son la base de la autodefensa noviolenta, porque estas luchas son la mejor escuela de ciudadanía activa y responsable, imprescindible para la defensa del país. Pero las ADN están abiertas a todo aquel que quiera implicarse, tenga o no experiencia, porque serán el espacio común de aprendizaje. #ADNcat

Sociocràcia

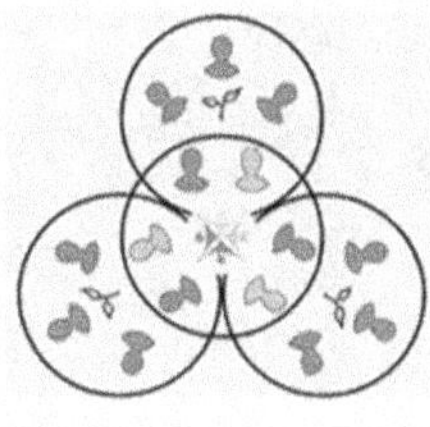

https://lluitanoviolenta.cat/recurs/las-fuerzas-creativas-de-la-auto-organizacion-y-sociocracia-para-organizaciones-sin-animo-de

https://view.genial.ly/5e3bccb035ef46049010dc3c/presentation-sociocracia-a-laula

Los grupos de base eligen, sin candidatos, su vínculo con el grupo más central para dotarse de legitimidad y el grupo central elige su vínculo con los grupos de base para dotarse de eficacia.

Demo-cracia (fuerza del pueblo); Socio-cracia (fuerza de los socios con una visión compartida). Complementar eficacia (vertical) con legitimidad (horizontal).

Cuatro elementos: círculos, doble vínculo (↑↓), sin candidaturas, por consentimiento. Si la cohesión del grupo es muy importante, mejor acordar las decisiones sin objeciones-oposiciones fundamentales pero fundadas..

Parte 4

MÁS INFORMACIÓN SOBRE OBJETIVOS Y TÉCNICAS DE DEFENSA CIVIL NOVIOLENTA

Retomamos las ideas muy bien expresadas por Maciej Bartkowski, en el artículo citado de 2015.

57. Objetivos de la defensa civil noviolenta

Contrarrestar una invasión: 1) Impedir o retrasar que el adversario alcance sus objetivos inmediatos. 2) Socavar la capacidad del adversario para continuar su invasión. 3) Construir la unidad, la solidaridad cívica y la disciplina, al tiempo que se organiza la resistencia noviolenta de la ciudadanía en caso de disturbios provocados desde el exterior o en caso de invasión y ocupación; 4) Proteger las prácticas democráticas mientras dure la lucha. #ADNcat

58. ¿Cuáles son las técnicas de defensa del territorio en caso de invasión?

A partir de ejemplos históricos podemos aprender diferentes técnicas que tienen sentido en una estrategia clara y pública de defensa civil noviolenta. Disponemos de una amplia colección de ejemplos interesantes y evocadores de todo tipo de luchas y tácticas noviolentas. A continuación, destacaremos algunos concretos sobre cómo hacer frente a las invasiones. #ADNcat

Prácticas de resistencia civil en el siglo XXI

https://lluitanoviolenta.cat/recurs/
tacticas-de-resistencia-civil-en-el-
siglo-xxi

El repertorio de tácticas noviolentas, en constante expansión, es un testimonio del genio y la creatividad de los activistas de todo el mundo. La exploración de nuevas tácticas –el principal objetivo de esta monografía– no es un mero ejercicio de documentación o clasificación. El estudio de cada método individual abre la puerta a un mundo de historias sobre la resistencia civil en distintos lugares y épocas. Cada método ofrece una visión de la perseverancia y resistencia de las personas frente a la represión, lo que demuestra no solo el impulso de luchar por los derechos, la libertad y la justicia, sino también la necesidad de innovación y adaptación a la hora de liderar las luchas de resistencia.

59. Muros humanos y bloqueo de las vías de comunicación

Preparar y entrenar la ciudadanía para: 1) El despliegue rápido de personas desarmadas para construir "muros humanos" que defiendan las administraciones públicas y los centros de comunicación. 2) El bloqueo de ferrocarriles, carreteras, puertos o aeropuertos para frenar los ataques del adversario. 3) La movilización de miles de automóviles para obstruir el transporte y la circulación del adversario y poder llegar a los pueblos con información y ayuda. #ADNcat

60. No cooperar con las autoridades usurpadas por el ocupante

Fomentar la no cooperación hacia los usurpadores con acciones menos arriesgadas como las practicadas por los daneses y checoslovacos: huelga de "brazos caídos", ausencia en actos sociales y políticos importantes para el adversario, portar símbolos nacionales, aislar a las fuerzas de ocupación, dimisiones masivas en las administraciones usurpadas, negativa a entender instrucciones del gobierno usurpador y a aplicarlas eficazmente. #ADNcat

61. Los costes de la no cooperación hacen que la invasión no sea rentable

Cuando el ocupante se encuentra con la falta de cooperación en sectores clave de la sociedad y la economía, tiene que hacer frente a enormes costes para sustituir con su propio personal el trabajo que la no cooperación no está realizando, haciendo que deje de ser económicamente rentable. En 1923, en el Ruhr, la negativa de los ferrocarriles alemanes a transportar carbón a Francia y Bélgica obligó a movilizar a más de 10.000 funcionarios de estos dos estados. #ADNcat

Base de datos mundial de acciones noviolentas

https://lluitanoviolenta.cat/recurs/global-nonviolent-action-database-3

Ofrece acceso gratuito a información sobre cientos de casos de acción noviolenta, de todos los continentes y la mayoría de los países, para el aprendizaje y la acción ciudadana. La base de datos es un proyecto del Swarthmore College.

62. Provocar el debilitamiento moral de las bases del adversario

O bien generar desafección, disidencia interna y deserciones masivas entre las tropas del adversario y sus aliados, incluidas las organizaciones empresariales, religiosas y culturales, así como sus familias. O bien, acciones para generar confianza, aumentar la fraternidad entre la población local y las tropas del adversario, contrarrestar la propaganda de guerra del adversario y reducir la distancia social entre la población de ambos bandos.

El objetivo final es aumentar el malestar y, en última instancia, una oposición abierta de la población a las acciones de su gobierno en el extranjero. Esto es más fácil de conseguir si la población atacada mantiene una disciplina noviolenta. Esta estrategia hace mucho más difícil para el adversario racionalizar su vilipendio a la población atacada y lograr su propio apoyo interno a la agresión en el exterior. #ADNcat

63. Gobiernos que apuestan por la defensa civil noviolenta

Un gobierno comprometido con la defensa civil noviolenta puede distribuir un manual como el de Lituania y organizar ejercicios rutinarios de entrenamiento en los que la población civil practique estas medidas. También puede apoyar la creación de una infraestructura de resistencia civil que permita reforzar las capacidades defensivas y contribuir así a la credibilidad de una estrategia de disuasión mediante la no cooperación radical. #ADNcat

64. Evitar la aplicación simultánea de las dos defensas, la noviolenta y la violenta.

El gobierno que apoye la defensa civil debe evitar el uso simultáneo de ambas formas de resistencia, la noviolenta y la violenta: si fuera necesario, podría aplicarlas en distintos momentos del conflicto o aplicarlas en lugares diferentes. Por ejemplo, la defensa civil se organizaría en las ciudades, mientras que el ejército se limitaría a ciertas zonas rurales, para reducir las bajas civiles y la destrucción de las ciudades. #ADNcat

65. La defensa civil noviolenta refuerza la democracia tras la invasión

Promueve la democracia nacional y local y las prácticas democráticas. De hecho, la defensa civil noviolenta puede producir importantes dividendos democráticos para los países que la adopten. Estudios recientes han demostrado que la práctica de la resistencia noviolenta multiplica por dos las posibilidades de un resultado democrático en estos países cinco años después del final del conflicto. #ADNcat

Por qué funciona la resistencia civil

https://cup.columbia.edu/book/why-civil-resistance-works/9780231156820

Why Civil Resistance Works: the Strategic Logic of NonViolent Conflict, Erica Chenoweth y Maria J. Stephan, estudian este impacto, secundario, pero no menos importante para consolidar el posconflicto armado.

66. En qué actores se basa la defensa civil noviolenta

Una defensa civil eficaz se basa en redes de defensa civil autoorganizadas y descentralizadas. En este sentido, cualquier apoyo al desarrollo de estrategias nacionales de defensa civil reforzará al mismo tiempo la creación de coaliciones, el compromiso cívico y la vida asociativa de las comunidades locales y regionales, incluida una mayor fortaleza de las instituciones de la sociedad civil. #ADNcat

67. La comunicación y la información también son decisivas en esta defensa.

La comunicación y la información son muy importantes para este esfuerzo de defensa. Las autoridades de todos los niveles de gobierno deben colaborar con la sociedad civil para garantizar que la información sigue fluyendo hacia y desde ellas. Las administraciones públicas nacionales y locales deben desempeñar un papel crucial en el apoyo y la aplicación de directrices específicas para la acción noviolenta en caso de invasión.

Tal como dicen en los ejércitos, "cada soldado es un sensor", cada persona debe recopilar información sobre los movimientos de las tropas enemigas, las acciones represivas y las atrocidades que cometen, así como sobre las acciones noviolentas en preparación o en curso. Decenas de centros locales de comunicación pueden recopilar, verificar y transmitir esta información a los ciudadanos de otras partes del país y más allá. #ADNcat

68. La defensa civil noviolenta no puede evitar tener víctimas

Las acciones noviolentas pueden tener víctimas. El asesinato de civiles desarmados en acciones disciplinadas de resistencia civil puede crear indignación moral y política, no solo entre las tropas del adversario, sino también entre su público y la comunidad internacional. Puede demostrar claramente cuál es el bando violento y cuál el de la defensa desarmada, reduciendo la niebla de la guerra y la eficacia de la propaganda del adversario. #ADNcat

Parte 5

UNA DEFENSA CIVIL GUBERNAMENTAL NOVIOLENTA

Recogemos ideas clave de la propuesta inédita elaborada por Santi Martí, miembro de Consejo de NOVACT y miembro del colectivo Pau i Treva.

69. La autodefensa civil noviolenta puede mejorar las políticas de defensa

Como hemos visto, la defensa civil noviolenta ha sido teorizada y sus elementos han sido practicados a lo largo de numerosos conflictos durante el último siglo. Los estados democráticos y sus sociedades no deberían ignorar este conjunto de conocimientos y prácticas para mejorar su defensa y seguridad. Si los ignoran estarán bajo sospecha de estar dominados por el corruptor complejo político-mediático-militar-industrial. #ADNcat

70. ¿Cómo organizar una defensa civil noviolenta desde el gobierno?

En caso de que un gobierno considere que sin una defensa civil noviolenta no podrá alcanzar o mantener la soberanía a la que aspira el pueblo, existen propuestas que pueden facilitar su implementación como una de las principales estructuras del Estado. Destacaremos elementos a tener en cuenta sobre objetivos y estructura orgánica de una defensa exclusivamente por acciones civiles noviolentas, complementaria al sistema de seguridad interior #ADNcat.

71. ¿Una opción inédita pero una alternativa necesaria?

No tenemos referencias de ningún Estado que disponga de un sistema de defensa basado exclusivamente en acciones civiles noviolentas con el objetivo real de hacer frente a hipotéticas agresiones o invasiones con una estructura institucional y administrativa permanente y estable y, obviamente, financiado con presupuestos públicos. Pero el fracaso de los sistemas de defensa convencionales nos urge a considerarlo.

Cabe señalar que la teoría elaborada sobre los modelos de defensa por acción civil y, sobre todo, su aplicación práctica es muy limitada. Diseñar un sistema completo de defensa por acción civil para un Estado, podemos calificarlo, al menos, de inédito; supone un cambio de paradigma en las políticas de defensa hasta ahora aplicadas desde los estados. Muchas de las concreciones necesarias solo podrán hacerse transitando por él. #ADNcat

72. Cuando no se dispone de una defensa militar, ¿es mejor construir una de civil?

Las experiencias conocidas nunca han sido sustitutivas de la opción militar, han sido complementarias del sistema militar habitual. Como hemos visto, solo ha habido algunas experiencias parciales que con el tiempo se han diluido dentro del sistema militar de defensa y se han mantenido fundamentalmente dedicadas a tareas de protección civil y emergencias. #ADNcat

73. La defensa civil es complementaria del sistema de seguridad humana

A pesar de las conexiones con la defensa, no entraremos en el diseño de las otras grandes áreas de protección de la seguridad humana: el aseguramiento de la convivencia interna (policía), el control de los límites territoriales; la protección medioambiental y la custodia del medio natural y del territorio; las emergencias, el salvamento y la protección civil; la seguridad alimentaria y energética; la cooperación intercultural y la solidaridad. #ADNcat

74. Un sistema de defensa civil noviolenta para Cataluña, estructura clave del Estado

Haremos una aproximación sobre la construcción de una iniciativa gubernamental para un sistema de defensa mediante acciones noviolentas, en el contexto de la construcción de las estructuras de Estado para una Cataluña independiente. No entraremos a justificar o discutir la pertinencia o no de dotar al futuro Estado catalán de un sistema de defensa de este tipo. Solo aportamos ideas de viabilidad para ayudar a tomar la decisión. #ADNcat

75. Objetivos oficiales y reales de cualquier sistema de defensa

Cualquier sistema de defensa nacional tiene los mismos objetivos "oficiales": proteger y asegurar la vida de la población, preservar la continuidad de sus estructuras administrativas y mantener un control efectivo sobre su territorio. Para alcanzarlos es necesario establecer los objetivos de la política de defensa: el primero es disponer de un sistema de disuasión que evite una posible agresión, ocupación o invasión.

Pero el aparato político-militar-industrial europeo tiene bajo la política de defensa, al menos cinco funciones:

1 La oficial, disuasoria, (ahora de nuevo, ante la amenaza rusa).

2 La económico-política del negocio armamentístico y del poder.

3 La creación de una superpotencia europea (¿aliada de la OTAN?).

4 La de preservar los privilegios de explotación de los países del Sur global.

5 La estabilización de la autoridad en la política interior.

#ADNcat

76. Condiciones para hacer efectiva la disuasión con la defensa civil noviolenta

En un sistema de defensa por acciones civiles hay dos condiciones esenciales para hacer efectiva y creíble la disuasión: la cohesión del entorno social y territorial a defender y la ética de la relación con el resto del mundo. La cohesión se consigue creando las condiciones de pertenencia y, por tanto, de identificación nacional; la ética es que el país busque unas relaciones mundiales equilibradas.

Estas condiciones exigen profundizar en los valores y principios democráticos de justicia universal, igualdad ante la ley e igualdad de oportunidades, así como en la solidaridad entre los miembros de la comunidad. En este sentido, la educación, el sistema de bienestar social y el sistema de comunicación social desempeñan un papel central.

La ética de la relación entre el país y el mundo debe estar claramente contenida en la constitución del Estado: la renuncia a la guerra, a la amenaza y al uso de la fuerza armada en la resolución de conflictos internacionales, pero, al mismo tiempo, la contribución activa en la construcción de la paz en el mundo, también en otros ámbitos, como el económico y el de los derechos de los extranjeros, que deben ser éticamente irreprochables.

Como la disuasión puede llegar a ser insuficiente, el sistema de defensa debe ser consciente, de la manera más eficaz posible, de lo que significa defenderse: identificar y evaluar los peligros y amenazas potenciales, prevenirlos, protegerse, tratar de suprimirlos y, si es necesario, neutralizar los ataques, dificultar la invasión, hacer inviable la ocupación y ponerles fin. #ADNcat

77. Sobre la incompatibilidad de estrategias y acciones tanto violentas como noviolentas

Es necesario separar las acciones noviolentas de cualquier acción violenta, que será tachada de "terrorista". De lo contrario, como demuestra la experiencia, cualquier acción violenta puede deslegitimar la resistencia noviolenta del conjunto y producir represión sobre ambas. Es necesario dilucidar la posición a tomar en cada caso frente a posibles acciones de sabotaje con "violencia" sobre las cosas, que obviamente afectan a las personas. #ADNcat

78. Sobre el conocimiento de estrategias de defensa noviolentas

Como hemos visto, existe ya un importante análisis de las prácticas noviolentas históricas y de las estrategias noviolentas aplicadas que han conformado un sólido marco teórico. Sin embargo, es importante señalar la necesidad de profundizar mucho más en la teoría, especialmente para concretar cómo aplicarlas sin improvisación y de forma sistemática desde las instituciones estatales y las organizaciones ciudadanas, en una sociedad y un mundo cambiantes. #ADNcat

79. Sobre las partes interesadas favorables y desfavorables

Ya sabemos que un sistema de defensa basado en una política noviolenta debe contar con la participación de todo el tejido social: instituciones públicas, organizaciones civiles y el conjunto de la ciudadanía. Inevitablemente, es necesario tener en cuenta la existencia de indiferentes, neutrales, adversarios y "colaboracionistas". Hay que saber hacerles frente sin desencadenar ni justificar represiones internas arbitrarias basadas en rumores y vendettas. #ADNcat

80. Sobre las herramientas que deben utilizarse y la infraestructura de protección civil

Aunque la política de defensa noviolenta se basa en las acciones civiles como principales armas para hacer frente a las agresiones, debe contar con medios técnicos e infraestructuras de protección o defensa incruenta como todo tipo de escudos, escondites, refugios, sistemas de vigilancia y alarma, sistemas de comunicación y contrainformación, procesamiento de datos, transporte alternativo... #ADNcat

81. Sobre la soberanía económica

Y, por lo tanto, junto a la adopción de la defensa por acciones civiles, parece necesario construir sabiamente un sector del conocimiento, industrial y de servicios, que asegure el desarrollo tecnológico y la capacidad de abastecimiento autónomo. Y, sobre todo, haber construido una economía soberana en todos los sectores clave y estratégicos (alimentación, energía, comunicaciones, finanzas...) que eviten dependencias y sean puntos débiles para su defensa y seguridad humana. #ADNcat

82. Organización y estructura

El mando de la defensa debe tener una estructura jerárquica para ser lo más eficaz y eficiente posible. Sin embargo, debe basarse en la descentralización y en la autonomía territorial y sectorial, tanto en la definición de la política como en la ejecución de las acciones. Es necesario definir los límites competenciales y aplicar dinámicas de sociocracia que permitan complementar la eficacia operativa y la legitimidad participativa.

Es necesario diferenciar dos esferas organizativas: la política y la operativa. La primera analiza, diseña y decide las políticas de defensa y la dirección estratégica de la defensa y la acción exterior para la paz, la segunda las ejecuta. La primera surge de la voluntad democrática de los ciudadanos y está bajo control parlamentario. Territorialmente deben incardinarse en las administraciones de las comunidades, comarcas y municipios.

El segundo es mixto, una parte de la administración, dotada de técnicos y funcionarios, y la otra parte es una agrupación de voluntarios de Autodefensa Noviolenta con una estructura territorial y sectorial. El mando de la primera corresponde al presidente de Cataluña asistido por un ministro de Paz y Defensa. El mando de la segunda corresponde al jefe de las Fuerzas de Paz, nombrado por el Gobierno con dependencia de un ministro.

El presupuesto incluirá recursos para ambas estructuras. Habrá que evaluar las necesidades en recursos humanos y económicos, pero serán muy inferiores a los que requiere un sistema de defensa militar. El Ministerio contará con unidades especializadas, entre otras, en: estudios, planes y estrategias, formación y adiestramiento, inteligencia, cooperación para la paz, sistemas de comunicación y datos, logística, infraestructuras e ingeniería. #ADNcat

83. Órganos colegiados de participación para la coordinación sectorial y territorial

En ausencia de conflicto, los órganos podrán tener las siguientes funciones: vigilancia y alerta de peligros, riesgos y amenazas; análisis de su contribución a la protección civil; participación en la elaboración de planes de contingencia en su ámbito de competencia; y permanecer preparados para actuar en los operativos de acción que se les encomienden. Estos planes establecerán las líneas de mando y funciones de sus miembros.

En caso de conflicto, llevarán a cabo las acciones previstas en los respectivos planes de contingencia con el grado de autonomía y coordinación contemplado. A nivel sectorial, la implicación de: universidades y centros de conocimiento, asociaciones y oenegés, empresas, trabajadores, agricultores, medios de comunicación, centros educativos, centros sanitarios, policía y protección civil...

Las diferentes unidades administrativas territoriales –municipio y barrio (dependiendo del tamaño), comarca, distrito...– contarán con un cuerpo de Autodefensa Noviolenta que integrará a los voluntarios que le sean asignados bajo el mando operativo de su jefe y en coordinación sociocrática con los cuerpos de las otras unidades territoriales. #ADNcat

Parte 6

EXPERIENCIAS INSPIRADORAS DE DEFENSA CIUDADANA

84. ¿Qué precedentes conocemos de ejércitos noviolentos?

En los últimos cien años destacamos tres: 1) **Shanti Sena,** "ejército de la paz" planteado por Gandhi en la India (sus métodos noviolentos han sido adoptados, como veremos, por Peace Brigades International, Nonviolent Peaceforce, Swaraj Peeth); 2) **Khudai Khidmatgar** (literalmente Siervos de Dios), también conocidos como "Camisas Rojas" de los pashtunes musulmanes (exAfganistán) y, 3) **Guardia indígena del Cauca de Colombia** desde hace 23 años. #ADNcat

85. Shanti Sena / Ejército de Paz gandhiano de la India

El Shanti Sena (ejército de paz) es como Gandhi llamó a los voluntarios noviolentos para el mantenimiento de la paz (1922), durante los disturbios entre hindúes y musulmanes. Aunque Gandhi pidió la creación de un "ejército de paz" para la defensa nacional en 1942 –un plan que nunca se intentó, ya que los japoneses no invadieron la India–, la idea del Shanti Sena estaba vinculada a la lucha por minimizar la violencia comunal entre la población.

En 1947, con la independencia, Gandhi propuso organizar un Shanti Sena nacional como respuesta a los disturbios que causaron la muerte de medio millón de personas, cuando diez millones fueron expulsadas de sus hogares con la partición de India con

Pakistán. Gandhi había invitado a cientos de colegas a organizar el Shanti Sena en febrero de 1948, pero a finales de enero, Gandhi fue asesinado. La reunión no se celebró.

Vinoba, sucesor espiritual de Gandhi, fundó Shanti Sena en 1957 para hacer frente a los disturbios que ponían en peligro el desarrollo gandhiano. De 1962 a 1978, Narayan Desai fue el director de Shanti Sena, que alcanzó un máximo de 6.000 miembros a mediados de la década de 1960; eran trabajadores regulares del desarrollo gandhiano en las zonas rurales, que podían participar en acciones cuando estallaban disturbios en los pueblos cercanos. #ADNcat

86. Normas gandhianas que deben seguir los *satyagrahis* en una campaña de resistencia

Algunas de estas reglas son: vive sin ira; soporta la ira de tu oponente; no tomes represalias por ataques o castigos; sométete voluntariamente a arresto o confiscación de bienes; no maldigas ni jures; no insultes a tus oponentes; no saludes ni insultes la bandera de tu oponente; si alguien intenta insultar o agredir a tu oponente, defiéndelo (de forma noviolenta) con tu vida.

Como preso, compórtate de forma correcta y obedece las normas penitenciarias (excepto las que sean contrarias al respeto a uno mismo); no exijas un trato de favor especial; no hagas huelga de hambre para intentar mejorar las condiciones (que no impliquen ningún menoscabo a tu dignidad) de encarcelamiento. Obedece con alegría las órdenes de desobediencia civil de los líderes de la campaña de resistencia;

No elijas qué órdenes obedecer, si ves que la acción es inmoral, no la hagas; no hagas que tu participación condicione la de tus compañeros si estás en la campaña o en la cárcel, no esperes su apoyo; no seas motivo de disputa, no participes en ella, ayuda a que se demuestre quién tiene razón; en los conflictos interreligiosos, da tu vida para proteger (con la noviolencia) a los que están en peligro de uno u otro lado; #ADNcat

87. Abdul Ghaffar Khan y los Camisas rojas de los pashtunes

Movimiento contra el Raj británico en la India colonial liderado por Abdul Ghaffar Khan. Se unió a la Liga Musulmana de toda la India y al Congreso Nacional de la India. Desempeñó un papel importante en el Movimiento por la Independencia de la India oponiéndose a la partición entre la India y Pakistán. Llegó a tener 100.000 miembros. Inicialmente, se centró en la reforma social como medio para mejorar el estatus del pueblo pakistaní en la India británica.

Sufrió muchas prohibiciones y detenciones. Khan reclutó a hombres y mujeres jóvenes que se habían graduado en sus escuelas. Eran voluntarios formados y uniformados que prestaban juramento. Formaron escuadrones con oficiales y aprendieron la disciplina básica de un ejército, en este caso noviolento. Los voluntarios iban a los pueblos y abrían escuelas, ayudaban en proyectos de trabajo y mantenían el orden en las acciones.

Khan defendió las protestas noviolentas y justificó sus acciones en el contexto islámico. El islam y la noviolencia no le parecían incompatibles. El movimiento era intrínsecamente no sectario, con miembros musulmanes y algunos hindúes. En más de una ocasión, cuando hindúes y sijs fueron atacados en Peshawar, los Camisas Rojas de Khan ayudaron a proteger sus vidas y propiedades. #ADNcat

88. El juramento de los Camisas Rojas de los Pasthuns

El juramento de pertenencia incluye: Prometo servir a la humanidad en nombre de Dios; abstenerme de la violencia y la venganza; perdonar a quienes me opriman o me traten con crueldad; abstenerme de participar en el odio y la violencia y de crear enemistad; tratar a todos los pasthuns como hermanos y amigos; abstenerme de costumbres y prácticas antisociales; llevar una vida sencilla, practicar la virtud y abstenerme del mal. Y el juramento continuaba: portarme bien y no llevar una vida ociosa; dedicar al menos dos horas diarias al trabajo social; sacrificar mi riqueza, mi vida y mi comodidad por la libertad de mi nación y de mi pueblo; no participar en facciones, de odios o envidias con mi pueblo; estaré al lado de los oprimidos contra el opresor; no seré miembro de ninguna otra organización rival, ni formaré parte de un ejército armado. Y continuaba: Obedeceré fielmente todas las órdenes legítimas de mis superiores; viviré según los principios de la noviolencia; serviré a todas las criaturas de Dios por igual; mi meta será la consecución de la libertad de mi país y de mi religión; me esforzaré siempre por hacer lo que es correcto y bueno; nunca desearé recompensa alguna por mi servicio; todos mis esfuerzos serán para complacer a Dios y no por ningún lucimiento o ganancia. #ADNcat

89. Guardia Indígena del Cauca (Colombia)

La Guardia Indígena es una red de protección comunitaria formada por mujeres, hombres, niños y niñas que defienden pacíficamente sus territorios, protegen su autonomía y sus tierras ancestrales. Es una fuerza de seguridad no armada que patrulla sus territorios desde 1999, como una de las formas de resistencia a la violencia. Puesta en marcha por asociaciones indígenas como el Consejo Regional Indígena del Norte del Cauca (CRIC).

Está al servicio de los objetivos del CRIC: recuperar y ampliar la tierra de los resguardos, defender el territorio ancestral y los espacios de vida; fortalecer los cabildos indígenas; dar a conocer las leyes sobre pueblos indígenas y exigir su aplicación; defender la historia, la lengua y las costumbres; formar maestros indígenas; fortalecer las empresas comunitarias; recuperar, defender y proteger los espacios de vida en armonía y equilibrio con la Tierra y el Mar.

La Guardia Indígena realiza labores de vigilancia para detectar la presencia de guerrillas, paramilitares, narcotraficantes o el ejército en sus territorios; dispone de una red de comunicación para dar la voz de alarma si hay indicios de grupos armados; patrulla en pequeños grupos de motocicletas. Normalmente, los voluntarios que componen este cuerpo de seguridad han recibido formación y han participado en rituales comunitarios. Está formada por miles de personas.

La Guardia Indígena del Cauca también puede enfrentarse a grupos armados y al ejército, normalmente utilizando tácticas intimidatorias debido a la superioridad numérica, e incluso los ha expulsado

https://www.cric-colombia.org/portal/estructura-organizativa/plataforma-de-lucha/

https://www.ccma.cat/tv3/alacarta/30-minuts/morir-pels-drets/video/6190763/

varias veces de su territorio; también ha liberado a personas detenidas y a niños obligados a unirse a grupos armados; y ha desmantelado laboratorios clandestinos de cocaína. Ver el reportaje 30'.

La Guardia Indígena se caracteriza por no portar armas y lleva como símbolo de identidad un pañuelo con los colores de la organización indígena (verde y rojo en el caso del CRIC) y un bastón de mando. Se trata de un bastón con cintas de colores que también puede ser utilizado para crear barreras de contención en manifestaciones donde se espera un enfrentamiento violento por parte de la policía sujetando cada "guardia" el bastón de mando de su compañero. #ADNcat

90. Diferentes intentos de abordar la defensa civil noviolenta

Ya hemos visto varias iniciativas y experiencias que en el siglo xx han mostrado la necesidad y la posibilidad de una defensa civil noviolenta. Inspirados en ellas, varios autores han investigado, escrito y formulado propuestas en diferentes países. Entre ellos, Gonzalo Arias. En 1977 hizo una recopilación en *Defensa armada o Defensa popular Noviolenta*. Actualizada en *El antigolpe*, 1982 y *El ejército incruento de mañana*, 1995.

91. Diferentes intentos de abordar la defensa civil noviolenta. Gonzalo Arias

Gonzalo Arias, especialmente en *El ejército incruento de mañana*, repasa las diferentes teorías y experiencias. Plantea su propia propuesta de ejército incruento, con tres características: voluntariado (anti-reclutamiento forzoso), renuncia a las armas letales (anti-armamentismo despilfarrador, anti-ecológico y destructivo) y, hoy diríamos, feminismo (anti-machismo).

Un ejército incruento de personas voluntarias, con una disciplina basada en la responsabilidad, procedentes: del movimiento pacifista y noviolento; de militares retirados que no ven su contribución violenta a la paz; o, de antiguos militantes de la lucha armada que han visto sus límites. Una persona violenta, decía Gandhi, puede entender mejor la noviolencia que un cobarde.

La defensa civil noviolenta es el rechazo de todo un pueblo a colaborar con el poder ocupante. Necesitamos formación en la lucha noviolenta y evolución de las mentalidades: ¡no abandonamos las armas de defensa, las cambiamos con la fuerza noviolenta del pueblo! La población aprende a defenderse de otra manera, con actitudes y acciones que toman la iniciativa. La lucha noviolenta lleva la imaginación al poder.

La defensa noviolenta se desmarca del pacifismo, que considera que los ejércitos y las armas son las causas de la guerra y que eliminarlas sería condición suficiente para la paz. No basta con decir no a la guerra, es necesario crear alternativas de seguridad. El desarme no es suficiente, hay que avanzar hacia el transarme noviolento. #ADNcat

92. Transarme y ejército incruento. Gonzalo Arias

"Transarme" no es un simple rechazo de las armas letales, sino un proceso de adopción progresiva de las "armas" (herramientas), organización y prácticas de la defensa civil noviolenta y, por tanto, una reducción paralela de las armas ofensivas, hacia armas defensivas, hasta su sustitución. La sustitución de las armas letales por otras armas, inmateriales, pero también materiales: a) la comunicación, b) la desobediencia cívica y c) el testimonio.

a) **Comunicación:** la fuerza del gobierno ocupante se basa en la desinformación y el engaño a sus soldados y población. Es necesario ser expertos en contrainformación, conocer al país ocupante y su lenguaje, sus argumentos falaces, y tener la capacidad de enviar mensajes claros y veraces sobre el sinsentido de su acción invasora a través de todos los canales posibles.

b) **Desobediencia cívica:** un pueblo maduro sabe decir no a las intenciones del invasor. Los miembros del ejército incruento deben tener claras las condiciones, límites y posibilidades para su uso, poderoso y responsable, y entrenarse para practicarla: deber cívico de desobedecer, fuerza de su aplicación masiva, dificultades cuando hay miedo generalizado, superación del miedo con aplicación gradual, cautela para no frivolizar la desobediencia.

c) **Testimonio:** los voluntarios de este ejército incruento deben estar dispuestos a arriesgar su vida, igual que hacen los soldados armados. La diferencia está en que estos apuestan por matar antes de ser matados, y aquellos que hablarán y actuarán sin dejar lugar a dudas de que se dejarán matar antes de matar a nadie. Ser "mártir" (que significa testigo) es un arma poderosa para conquistar al adversario y ganarse su respeto. #ADNcat

93. Las dos ideas disruptivas de la defensa noviolenta. Gonzalo Arias

Se basa en ideas insólitas: 1. no se trata tanto de defender el territorio como de defender el funcionamiento de las instituciones. La defensa armada se basa en la defensa de las fronteras, si el enemigo ocupa el territorio, todo está perdido. En cambio, para la defensa noviolenta el territorio no es tan importante, la verdadera lucha comienza cuando el enemigo ha entrado: hay que evitar dejar en sus manos el gobierno del país. 2. El arma principal es la desobediencia organizada. Primero es necesario contra-educar a los funcionarios y dirigentes públicos, y a la ciudadanía para que tengan el coraje de decir "NO" a quienes quieren dar órdenes con un arma en la mano. Puede haber muertos, la defensa noviolenta no es un juego de niños ni una garantía de éxito –como tampoco lo es la defensa armada– pero, en general, correrá menos sangre que en cualquier resistencia armada. #ADNcat

94. ¿Qué fuerzas de intervención noviolenta conocemos?

Las funciones "oficiales" de los ejércitos no son solo defender su propio territorio, sino también intervenir, en el mejor de los casos, para mantener la paz en conflictos en otros países. En esta función, desde la perspectiva noviolenta, ya hemos mencionado, inspirándonos en el Santi Sena de Gandhi, que se han puesto en marcha varias iniciativas, como: Brigadas Internacionales de Paz, Nonviolent Peaceforce y Servicios Civiles de Paz. #ADNcat

95. Brigadas Internacionales de Paz (PBI)

Brigadas Internacionales de Paz es una organización internacional fundada en 1981. Ofrece protección a personas que se enfrentan a ataques de diversa índole por sus actividades en defensa de los derechos humanos, proporcionando acompañamiento internacional: presencia física con las personas amenazadas,

Brigadas Internacionales de Paz (PBI)

https://www.pbi-ee.org/sobre-pbi-estado-espa%C3%B1ol

creación de una red internacional de apoyo, diálogo con las autoridades y difusión de información. Hasta el momento han estado en más de doce países. #ADNcat

96. Fuerzas de Paz Noviolentas (NP)

Nonviolent Peaceforce, organización fundada en 2002, tiene como misión proteger a los civiles en conflictos violentos mediante estrategias no armadas, al tiempo que ayuda a las comunidades locales a construir la Paz. NP está comprometida con una cultura global de paz en la que los conflictos, dentro y entre comunidades y países, se gestionen a través de medios noviolentos. Se guía por los principios de noviolencia, no partidismo, primacía de los actores locales y acción civil. #ADNcat

97. Servicios Civiles de Paz (SCP)

Desde la década de 1990, han surgido propuestas para la creación de Servicios Civiles de Paz (SCP) en varios estados de la UE con el apoyo de las administraciones públicas; con el objetivo compartido de mejorar la capacidad de la sociedad civil para intervenir y construir oportunidades de paz en conflictos internacionales violentos. En 2012 el ICIP publicó un informe sobre la viabilidad de crear un Servicio Civil Noviolento de Paz en Cataluña. #ADNcat

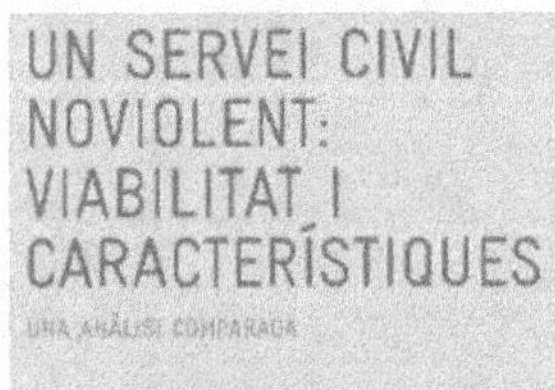

https://www.icip.cat/wp-content/uploads/2020/11/info2010_01_cat.pdf

98. Un cuento para ampliar perspectivas: *El planeta del fuego*

En este dramático momento en el que hemos tomado conciencia de que las treinta guerras que hay en el mundo, como la de Ucrania, provocan un sufrimiento atroz y evitable en millones de personas, hemos rescatado un cuento, *El planeta del fuego*, que invita a pequeños y mayores a reflexionar y actuar. Si los habitantes del planeta azul no nos organizamos para detener las guerras, éstas nos harán desaparecer como especie. Cuenta con versiones y guías didácticas. #ADNcat

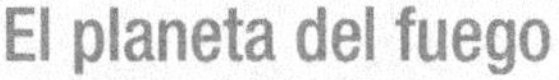

El planeta del fuego

https://lluitanoviolenta.cat/
el-planeta-del-foc

MANIFESTO Cataluña por la seguridad humana y la paz

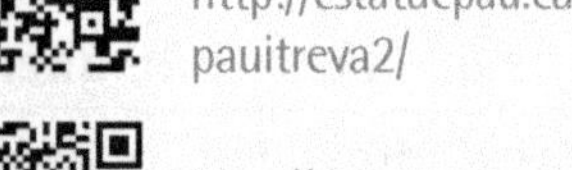

http://estatdepau.cat/pauitreva2/

http://estatdepau.cat/pauitreva2/video-roda-premsa-2/

Seminario sobre el Estado de Paz. Construir un Estado seguro y en paz

http://estatdepau.cat/pauitreva2/seminari-estat-de-pau-3/

https://www.icip.cat/ca/publication/construir-un-estat-segur-i-en-pau-seminari-estat-de-pau/

99. Colectivo Pau i Treva. Seminario Estat de Pau

La vigilia de la manifestación del 11 de septiembre de 2012 convocada por la ANC, personas del movimiento catalán por la paz –Arcadi Oliveres, Pepe Beúnza, Alfons Banda...– reforzaron el llamamiento a una actitud pacífica y noviolenta no solo en la manifestación sino en todo el proceso hacia la soberanía. De este hecho surgió el colectivo Pau i Treva que elaboró un manifiesto presentado el 30 de enero de 2013 y que recibió más de 4.000 adhesiones.

El colectivo Pau i Treva creó el seminario Estat de Pau. El conjunto de documentos elaborados fueron recogidos en el libro *Construir un estat segur i en pau. Com enfocar la seguretat i la defensa en un nou estat d'Europa*, publicado en 2016 por el ICIP. Es la obra más completa sobre las bases de la Seguridad Humana y la defensa civil noviolenta aplicable en Cataluña. #ADNcat

100. El proyecto de Defensa Civil Noviolenta

No puede ser que ante la guerra solo podamos elegir entre apoyar la guerra (con más armas, más soldados, más presupuesto) o querer parar la guerra (con manifestaciones por el desarme, llamadas al diálogo, análisis de las causas de la guerra). En los últimos cien años ha habido muchas experiencias, estudios y propuestas en todo el mundo para sentar las bases de un Sistema Civil de Defensa Noviolenta como alternativa a los Sistemas Militares de Defensa Violenta. !Nos ponemos manos a la obra!

Ante una agresión armada, si nos preparamos, podemos tener mejores soluciones que la espiral de la guerra. Hay quien dice "Si no quieres fuerzas armadas, no puedes ser independiente y menos con los vecinos que tenemos. !Lisa y llanamente!". Y quienes responden: "Si logramos la independencia sin ejército, no veo por qué deberíamos tenerlo para defenderla". Si se quiere una Autodefensa Noviolenta, no se podrá conseguir independencia ni defenderla. ¡Llisa y llanamente! #ADNcat

Mensajes en Twitter

https://twitter.com/LluitaNV/
status/1608550480577449985?s=20

UNA HISTORIA INCREÍBLE

Esta breve narración abre la mente a otro imaginario sobre cómo se producen los cambios, las metamorfosis humanas, sociales y políticas.

Una historia increíble

Hoy ha sido el día "D", o podríamos decir, el día "V" de verdad. Lo que parecía imposible, se ha hecho realidad. Muchas personas en este pequeño país han demostrado una vez más, como otras veces en la historia, que el superpoder de los humanos funciona, bueno, funciona cuando se dan ciertas condiciones.

Esta gente hace unos años empezó a creer que:

1. Los pequeños cambios, por imperceptibles que sean, se acumulan y provocan grandes cambios, metamorfosis. No hay una fecha predeterminada, acontecen.

2. Los grupos humanos que comparten una misma historia, la historia de un futuro apasionante, cooperan mejor para afrontar cualquier reto, para construirlo.

3. Los liderazgos son esenciales, pero solo si son colectivos, solo si todos son imprescindibles, el movimiento no se resiente cuando un líder cae o lo abandona.

4. Como en los grandes momentos históricos, cada persona se siente parte de un ejército de liberación, pero en este caso, un ejército noviolento, para generar nuevos equilibrios sin provocar más desequilibrios ni violencia.

El día "V" no ha sido una fecha acordada de antemano por nadie –como lo fueron la mayoría de los días "D" anteriores–. Ha sido el día en que todo el proceso de liberación, vivido en muchos ámbitos clave de la vida, ha llegado a su fin, como una flor que florece en primavera. Y, como en la vida de una flor, este día no es el final de nada, sino el comienzo del nuevo proceso de pasar de la flor al fruto, y del fruto a la semilla, para volver a empezar...

De hecho, hemos vivido muchos días "V". Cada vez que hemos aplicado las cuatro condiciones, ha sido un día "V", un día de Verdad.

Todo empezó en el momento más oscuro, cuando todo parecía perdido. Vivíamos en un estado de emergencia en muchos ámbitos clave de la vida cotidiana, que resultaba muy difícil para muchas personas, a menudo por motivos muy diferentes. Había desequilibrios endémicos que, para algunas personas, significaban tener que pasar penurias, pasar demasiado frío o demasiado calor, no tener casa, vivir en la calle, no tener un trabajo decente ni ingresos para sobrevivir, estar excluidas de los servicios sanitarios, de la educación, de la participación... mientras que para otras personas estos desequilibrios producían efectos paradójicamente opuestos: malnutrición, obesidad, trastornos circulatorios o del sistema inmunitario, trabajo y vida en tensión permanente, inseguridad en barrios olvidados o en mansiones demasiado vigiladas, sobreinformación, acoso terapéutico, exceso o falta de influencia, desmesura... También muchos adoraban a las élites y al éxito, aunque fuera para mantener a toda costa su supuesto bienestar como antídoto contra el peligro de caer en la trampa de los excluidos. Y unos, otros y los de en medio vivían bajo emergencias (que en muchos casos no tienen en cuenta las clases sociales): la violencia contra las mujeres en una sociedad todavía muy patriarcal, la violencia creciente de la policía, del sistema judicial y penitenciario; de los ejércitos y de las guerras... y la violencia quizás no tan perceptible del cambio climático, de la pérdida de biodiversidad, de la 6ª gran extinción... pero también causada por la concentración de poder de las grandes plataformas digitales y mediáticas, de los bancos y del sistema monetario/financiero, de las grandes empresas transnacionales, de los aberrantes fondos de inversión...

La guerra mundial en Ucrania aceleró y agregó todos los desequilibrios que, sin ser plenamente conscientes de ello, veníamos experimentando: confirmamos lo que algunos habían predicho, que nuestra civilización era excesivamente dependiente de los combustibles fósiles y sufría el cambio climático que provocamos con su despilfarro, con la industria alimentaria, con la movilidad, con la temperatura de "bienestar" de nuestros hogares. La guerra activó dos tendencias opuestas: aumentó el consumo de combustibles fósiles (como el carbón, para intentar sobrevivir a la escasez y al aumento de los precios del gas y del petróleo) y al mismo tiempo activó los planes estancados de energías renovables... Todo ello provocó una gran pérdida de confianza en el sistema político y económico que había creado y mantenido el engaño, la falacia del crecimiento infinito en un planeta finito.

A cada grupo humano le pesaba más una emergencia que otra. Y, hasta ese momento, cada grupo buscaba su propia liberación, su propio reequilibrio. Y, mientras cada historia estaba aislada, cada grupo sufría los efectos de su desequilibrio, considerando que era el más importante.

Al principio, la guerra no ayudó a vertebrar las diferentes luchas de liberación. Más bien, bajo el impacto de la incredulidad y de los efectos paralizantes del miedo, cada uno se atrincheró aún más. Cada organización, colectivo, movimiento dramatizaba su causa para encontrar apoyo, pero la gente apenas tenía la fuerza para sobrevivir en la escasez y la perplejidad ante tantas graves emergencias.

Años atrás, el movimiento de los "indignados" había llenado las calles de acampadas juveniles que mostraban el rechazo de la nueva generación a las falacias de la democracia y de la economía especulativa. La experiencia, más allá de los polémicos impactos electorales, mostró la potencia de cooperar en la organización de la protesta y en la generación de nuevas formas de reunirse y decidir.

También años atrás el movimiento independentista había canalizado en organizaciones nacionales y locales la capacidad de movilización masiva y de llevar a cabo grandes acciones puntuales, especialmente de denuncia y algunas de desobediencia civil, como la del reprimido referéndum del 1-O de 2017.

En ambos casos, el modelo de movilización y organización había mostrado grandes fortalezas, pero también algunas debilidades. Ambos modelos se enmarcaban en el tradicional y mítico modelo "revolucionario" que los libros y las películas habían difundido y ensalzado como los "únicos" modelos de cambio, generalmente exitosos gracias al uso de la violencia revolucionaria.

El día "D" de la Revolución "R" fracasa si no se alcanza el objetivo soñado.

- Si después de ocupar las plazas durante unas semanas no se produce un cambio de régimen, de estructuras políticas y económicas...
- Si tras un acto masivo y distribuido de votación fuertemente reprimida no se consigue la independencia...

Y así aprendimos que lo que había fracasado no eran ni las acciones ni los movimientos, sino la creación de un modelo fantasioso, una expectativa de lo que significaba la revolución.

Uno de los intentos de replantearse la teoría del cambio imperante –si haces la revolución todo cambiará en un día– fue el manifiesto "Re-evolución global noviolenta o exterminio total" [véase 46]

El cambio de modelo, de la teoría del cambio a aplicar, se produjo como resultado de varios acontecimientos aparentemente fortuitos e inconexos:

a. Reflexión sobre el 50 aniversario del primer servicio civil de los objetores alternativo al servicio militar en Can Serra 1975-2025 y la estrategia noviolenta seguida para acabar con la mili.

b. La insuficiencia de las grandes movilizaciones en el espacio público para conseguir los objetivos de cualquier movimiento en un marco de democracia formal (Indignados 15M; movimiento por la independencia...).

c. Las aportaciones del encuentro juvenil "Sobremesa"[1] del verano de 2022 se centraron en que la confianza es la base de la cooperación.

d. Los retos de los hermanos Engler (*Manual de desobediencia civil*)[2] sobre la necesidad de crear nuevas teorías de cambio a partir de las existentes, normalmente contrapuestas, para conseguir el cambio deseado cuando: 1) cultivamos la

---

[1] https://encuentrosobremesa.org/#catala

[2] https://lluitanoviolenta.cat/recurs/manual-de-desobediencia-civil

transformación personal; 2) lanzamos protestas masivas; 3) nos dotamos de una organización poderosa e influyente; 4) creamos alternativas al sistema que criticamos; y, 5) incidimos desde las instituciones públicas.

e. La lectura de *Imparables*[3] (Yuval Harari) y su visión de que el Homo Sapiens ha dominado la Tierra –y extinguido la mayoría de las especies– gracias a la capacidad de crear historias o mitos que nos ayudan a cooperar para afrontar retos increíbles.

A continuación, desglosaremos la influencia de estos diferentes hechos que nos permitirán generar otra teoría del cambio que ayude a cooperar para hacer frente a los estados de emergencia.

a. **La fuerza del movimiento de objetores a la mili** se basó en el rechazo público a hacer el servicio militar obligatorio y a asumir libremente el encarcelamiento correspondiente. Pero también, durante algunos años, en la creación por parte de los objetores de servicios civiles alternativos para atender las necesidades de barrios concretos. Grupos locales que mostraban un vínculo con el territorio para hacer frente a las agresiones y desequilibrios que le afectaban. "Acción global, acción local".

---

[3]https://www.grup62.cat/llibre-imparables/354693

b. **Herederos de las luchas de masas** antifranquistas, la reivindicación de cualquier derecho tenía la inercia de convocar manifestaciones, concentraciones y huelgas, durante unas horas o días. En un régimen en el que se reconocía el derecho de manifestación, reunión y huelga (no huelga general), estas acciones eran insuficientes para modificar la correlación de fuerzas basada en los intereses económicos y políticos de las élites o en sistemas constitucionales casi inmutables cuando se tocaban estos intereses.

Se dieron cuenta de que este tipo de movilizaciones callejeras, integradas en las democracias formales, no eran un pilar del poder y, por tanto, eran cada vez menos eficaces para conseguir los cambios que se proponían. Hasta el punto de que solo si se producían disturbios, en los que la policía intervenía para reprimirlos –o para provocarlos y así tener justificación para reprimirlos–, estos sucesos se convertían en noticia. Sin embargo, aun así, no siempre tenían los efectos esperados por los organizadores; a veces los efectos eran los contrarios, cuando una parte de la sociedad estaba en contra porque veía amenazado el orden público.

c. **El encuentro "Sobremesa"**, de una semana de duración, en el que participaron 500 jóvenes de más de 100 colectivos, demostró que había una nueva sabiduría tanto en los objetivos como en los métodos de transformación social:

- Solo el cambio individual de valores, de comportamientos, no siempre provoca a tiempo el cambio general, sobre todo si ha de hacerse para afrontar una emergencia.
- Para motivar a la gente a participar en una acción colectiva, es necesario identificar cuáles son las raíces comunes de las distintas emergencias, compartir una historia sobre las causas y hacia dónde queremos ir para encontrar soluciones.
- Los acontecimientos –más o menos manipulados por quienes los controlan y relatan– a menudo nos hacen reaccionar, pero para comprenderlos es necesario situarlos en su contexto y en las tendencias a lo largo del tiempo, y descubrir las estructuras que los provocan o sostienen.
- Descubrir el paradigma que da sentido al cambio nos ayudará a centrarnos mejor en qué hacer y cómo hacerlo. "La confianza conduce a la cooperación. El miedo lleva a la destrucción mutua".
- Cuando un grupo humano teje una narrativa que lo motiva y lo une, hace explícitos sus valores y prácticas, crea su lenguaje y sus signos y símbolos facilitará la comunicación interna y externa.

d. Se dieron cuenta de que es necesaria la **integración y complementariedad de las diferentes teorías del cambio,** demasiadas veces contrapuestas entre los diferentes actores de un movimiento, para generar una nueva en cada contexto y con las personas y organizaciones implicadas: si no participo en el cambio de mentalidad, valores y prácticas, poco puedo aportar a la organización o entidad que quiere estos cambios, ya sea a través de acciones más o menos arriesgadas o participando en espacios donde se empieza a vivir el cambio deseado. Con esta fuerza podemos presionar desde fuera o desde dentro los cambios institucionales necesarios para que el cambio deseado adquiera el alcance de un marco legal que lo valide.

e. **¿Por qué algunos relatos encajan y se extienden y otros no?** ¿Por la fuerza explicativa de la complejidad? ¿Por la imposición más o menos coercitiva? ¿Por qué nos piden que trascendamos nuestra pequeñez individual o nuestra futilidad temporal? ¿Por qué nos hacen partícipes de una gran aventura, de un reto increíble, de un momento histórico?

Esta increíble historia que nos llevó hasta el día "V", comenzó discretamente cuando un pequeño grupo de vecinos, un día pararon el ritmo de vida que llevaban, y se preguntaron: "¿Qué podemos hacer para afrontar las emergencias que estamos viviendo?

Q Uno dijo: –Nada. Todo es demasiado grande, así que no podemos hacer nada.

–¡No seas derrotista! Si fuera así, ¿por qué no te suicidas?

Q Otro dijo: –Votar. Si votamos con conciencia, nuestros representantes arreglarán las cosas.

–Oh, vamos –dijeron los otros–, la corrupción lo pudre todo.... los partidos ya no cuentan, no nos representan.

Q Y un tercero exclamó: –Lo que hace falta es participar en una entidad que trabaje para frenar alguna agresión.

–Querida, no tengo tiempo, trabajando todo el día ni siquiera puedo llegar a fin de mes.

Q Y otro murmuraba: –No nos queda más remedio que rezar, los humanos somos egoístas y ninguno nos salvará.

–Pues ya puedes esperar, lo tienes claro si esperas un milagro –dijeron otros.

Q –Dejaros de tonterías, lo que necesitamos es empezar a vivir el mundo que queremos, cambiar nuestros hábitos, de comercios donde compramos, dejar de mantener con nuestro dinero este mundo enfermo...

–Uf, demasiado trabajo y problemas, no quiero perder el bienestar que tengo ahora...

- Después de desahogarse, una vez más después de tantas otras, se hizo un silencio, largo y profundo. La situación era demasiado grave como para afrontarla con una tertulia más. ¿Qué clase de mundo estaban dejando a sus hijos, y nietos? El mundo era muy grande. El país también. Pero la región, el pueblo, el barrio, la calle, las casas... estaban cerca, si ellos no las cuidaban, ¿quién lo haría?

- Y volvieron a preguntarse: "¿Qué podemos hacer para afrontar las emergencias que vivimos, aquí, en nuestro entorno, qué desequilibrios sufrimos o provocamos, qué agresiones recibimos o ejercemos?". Y empezaron a hacer una lista:

  - Gente sin trabajo, sin casa, que vive en malas condiciones, que okupa espacios para tener un refugio...
  - La fábrica que paga mal a los trabajadores y contamina el río y el aire
  - Las granjas que maltratan a los animales y que drenan el agua de los pozos y manantiales.
  - El cuartel que sigue siendo un bastión retrógrado y altivo.
  - El machismo que sigue amenazando a las mujeres e incluso agrede a algunas de ellas.
  - Y otras agresiones más generales como el cambio climático, las extorsiones bancarias o la guerra...

- "Y ahora digamos, para cada uno de nosotros ¿qué agresión es la más grave, la más urgente y la más fácil de afrontar?" Estuvieron compartiendo, desentrañando, priorizando... A algunas los conocían muy bien, y respecto las que no, decidieron darse unos días para aprender más cosas sobre ellas.

- Acordaron empezar haciendo una campaña sobre la agresión más fácil de detener. Si lo conseguían tendrían más fuerza para enfrentarse a otra.

- "¿Y cómo organizar la campaña?" Un par de ellos dijeron que habían hecho un curso o leído sobre la **lucha noviolenta...** (véase el mensaje 50).

- "¿Y cómo nos organizamos? ¿Cómo evitar que se repitan los vicios habituales de las organizaciones?" También se inspiraron en nuevos modelos, como la **sociocracia** (véase el mensaje 54).

- "Y, si es necesario, ¿cómo podemos coordinarnos con otros grupos para ser cada vez más fuertes sin crear los problemas de las grandes organizaciones?" "Oye, para el carro. Cuando sea necesario, ya hablaremos de ello."

Y así fue como un pequeño grupo, con un objetivo claro y alcanzable, consiguió enfrentar una agresión local y tomó la iniciativa de enfrentar otras agresiones locales o de coordinarse con otros grupos de otras zonas limítrofes... (y en esto también se inspiraron en el modelo de la sociocracia).

Se dieron cuenta de que pequeños cambios, casi imperceptibles, podían provocar grandes cambios... metamorfosis inimaginables.

Y que los grupos pequeños, bien organizados y coordinados, pueden tener mucha fuerza, sin necesidad de líderes carismáticos... que, si caían, podrían poner en peligro a toda la organización.

Se dieron cuenta de que estaban escribiendo una historia que podían entenderse y reproducirse en otras partes.

Y que, de hecho, empezaron a sentirse parte de un ejército de liberación noviolento contra un sistema que atentaba contra las personas y sus territorios y que, cuando llegara el momento de la represión o la ocupación, estarían bien preparados para hacerle frente con una **autodefensa civil, ciudadana y noviolenta** eficaz.

El día "V", el día "D" de la Verdad, lo era porque las diferentes condiciones habían conducido a él, porque esforzándose en los medios coherentes habían alcanzado el objetivo. Por eso fue el día "V" de Verdad, porque les hizo comprender que los días "D" hasta entonces habían sido muchas veces fabulaciones o mentiras, que habían generado grandes frustraciones al hacer creer que la revolución había triunfado ese día y que, porque "habían girado la tortilla", todo sería diferente, liberados de los verdugos, del miedo y de toda constricción...

Anónimo del Siglo XXI

Anexo.
Vías de transformación
complementarias

A. ¿Somos conscientes de las diferentes vías de transformación?

Habitualmente, en cualquier conversación sobre cómo abordar la solución de un problema social, político, económico, medioambiental... podemos identificar diferentes vías de transformación, o como se suele decir, diferentes "teorías del cambio" que solemos contraponer: "lo que hay que hacer es salir a la calle...", o ¡solo si educamos...", o "si no nos cambiamos cada uno, nada puede cambiar...". #ADNcat

B. ¿Cómo hacer complementarias las distintas vías de transformación?

Estas vías, según Paul Engler, podemos decir que son: el cambio personal, la educación, la movilización, la organización, la política institucional y la creación de alternativas. Si las hacemos conscientes, podemos conseguir que sean complementarias. Apliquémoslas ahora a "cómo parar las guerras" con ejemplos concretos de nuestro propio entorno. #ADNcat

C. Cambio personal

La introspección nos ayuda a tomar conciencia de los impulsos, emociones, sentimientos, pensamientos que provocan comportamientos más o menos violentos, codiciosos, pasivos, comprometidos, pacificadores... Cultivar actitudes noviolentas nos permitirá afrontar los conflictos sin aumentar la espiral de violencia y odio en las relaciones de todo tipo. Con actitudes violentas o machistas poco podemos aportar a la construcción de la paz o al feminismo.

La prueba definitiva del cambio de visión o de actitud es el cambio en nuestras prácticas sociales: cambio en el consumo, en el trabajo, en la vivienda, en la inversión, en la alimentación, en la movilidad, en la energía...; en el voto, en el compromiso social y político, en el pago de impuestos... Todos estos cambios consciente pueden favorecer la cultura de la guerra o la cultura de la paz, pueden reducir las agresiones y la violencia cultural y estructural... o pueden aumentarlas. #ADNcat

D. Educación

La educación puede ser la palabra mágica que algunos creen que arreglará en las generaciones futuras lo que hoy no sabemos arreglar nosotros. Debemos aprender más por imitación y emulación que por discursos, sobre todo cuando éstos no son coherentes con el comportamiento de quienes los predican.

La educación para la paz abarca un amplio abanico de visiones, educación, formación... para todas las edades, con el objetivo de reducir las relaciones violentas, transformar los conflictos y combatir la guerra y sus causas. Entre las referencias en Cataluña: Edualter, Unipau, Justícia i Pau, Escola Cultura de Pau, Servei Civil Internacional, Fundació Carta de la pau dirigida a l'ONU, Lluita noviolenta, l'Escola de formació Guillem Agulló #ADNcat

https://edualter.org/ca

https://www.unipau.org/

https://www.justiciaipau.org/

https://escolapau.uab.cat/ca/inicio/

https://www.scicat.org/

https://cartadelapau.org/pau-possible/

https://www.lluitanoviolenta.cat/

https://escolaguillemagullo.cat/

E. La movilización

En diferentes épocas ha habido grandes movimientos sociales contra la guerra y a favor de la paz. Entre los más relevantes en los últimos años en Cataluña han sido www.aturemlaguerra.org y "Casa nostra casa vostra". Pero también podemos considerar otros que denuncian la violencia contra las mujeres, por los sin casa, por la vivienda y el trabajo digno, el derecho a decidir... #ADNcat

https://www.aturemlaguerra.org/   https://casanostracasavostra.com/

F. La organización

Una cosa son las campañas o movilizaciones puntuales, y otra las organizaciones que buscan la transformación desde estructuras bien dotadas, con apoyos permanentes, con proyección internacional. En general, estas organizaciones en Cataluña se pueden encontrar en www.lafede.cat y, en particular, dentro del eje de la paz y la noviolencia. Algunas de ellas están orientadas a denunciar diferentes elementos de los conflictos bélicos o armamentísticos: Centre Delàs, Fundipau, Novact . #ADNcat

www.lafede.cat   www.fundipau.org
www.centredelas.org   www.novact.org

G. Política institucional (en Cataluña)

Lo que surge de la ciudadanía, de los movimientos sociales, a veces tiene resonancia institucional, bien porque algunos partidos incorporan valores y reivindicaciones a sus programas, bien porque los parlamentos o gobiernos crean políticas orientadas en este caso a la paz y el conflicto. La Llei de foment de la pau (Ley de fomento de la paz), y su resultado: el Consell català de foment de la pau, y, más operativamente, el Institut Català Internacional per la Pau, son ejemplos. #ADNcat

http://sac.gencat.cat/sacgencat/AppJava/organisme_fitxa.jsp?codi=13572
https://www.icip.cat/ca/

H. La creación de alternativas

En este caso, el proyecto Sistema Civil de Defensa Noviolenta pretende contribuir a sentar las bases de un Sistema Civil de **Defensa Noviolenta *como alternativa*** a los habituales **sistemas militares de defensa violenta.** Si consigue la necesaria contribución e implicación ciudadana, quiere proponer cómo podría ser este Sistema Civil de Defensa Noviolenta en Cataluña, tanto en la fase actual como en el caso de la creación de un Estado independiente. #ADNcat

https://lluitanoviolenta.cat/projecte-defensa-noviolenta

Narrativas

Adaptación a utopía
Daniel Yacubovich

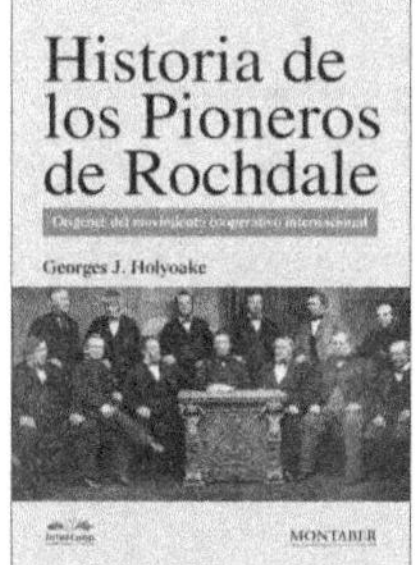

Historia de los Pioneros de Rochdale
Georges Jacob Holyoake

Imperio y abismo. El declive del mayor imperio del mundo
Pere Coll

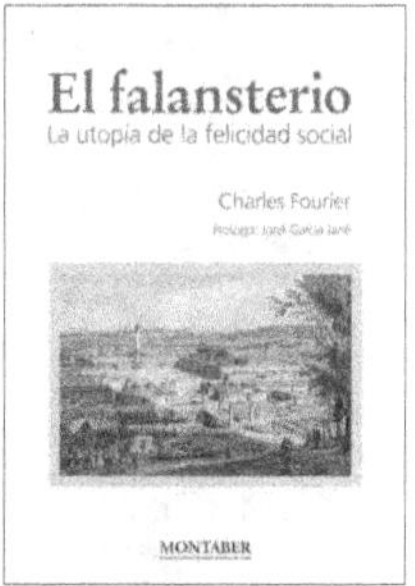

El Falansterio
Charles Fourier

El planeta del foc
Martí Olivella Solé

La insurrección en Dublín
James Stephens

Cuentos de Bagdad
Glòria Arimon

La Patrulla Pesquera
Jack London

Una partida de ajedrez
Stefan Zweig

Crítica y ensayo

**Gráfica cooperativa
en Barcelona. Iconografía
del cooperativismo obrero
(1875-1939)**
Marc Dalmau

**En guerra por la vida.
Crisis climática
y transformación social**
Josep Cabayol i Virallonga

**AutoDefensa Noviolenta
(#ADNcat) en 100 mensajes
y una historia increíble**
Martí Olivella Solé

El entramado
Christian Ferrer

Los estudios culturales
Fredric Jameson

**El fin de las pequeñas
historias**
Eduardo Grüner

**La cooperación entre
el alumnado**
Sylvain Connac

**Cerebro, inteligencias
y mapas mentales**
*Zoraida G. de Montes,
Laura Montes G.*

Apocalipsis
Karl Kraus

MONTABER   Brutau, 160 – 08203 Sabadell (Barcelona) – Tel. +34-931 429 486 – montaber@montaber.es – www.montaber.es

To find[6] an orthogonal path to $y-ae^{-x}=0=\Phi(x,y,a)$ one must write

$$\frac{\partial\Phi}{\partial x}+\frac{\partial\Phi}{\partial y}\left(-\frac{1}{\frac{dy}{dx}}\right)=0 \ .\text{Thus}\quad ae^{-x}-\frac{1}{\frac{dy}{dx}}=0 \Rightarrow y=\frac{e^x}{a}\ ;x=\ln ay$$

The point of intersection of $y=56.3e^{-x}$ with $y=\dfrac{e^x}{35.7}$ is the solution of

$$56.3\ e^{-x1.168/24.2}\ =\ [(e^{x0.936/6.5})/35.7]\Rightarrow$$

x=**39.55mm**.= direct measurement (p.10) .

Linked together stars near to a Black Hole

In mathematics,the torus is a common doughnut with equations[7]

$y=(a+b\cos\vartheta)\sin\varphi \qquad x=(a+b\cos\vartheta)\cos\varphi$

$z=b\sin\vartheta$

where a and b are the circles obtained by sections.

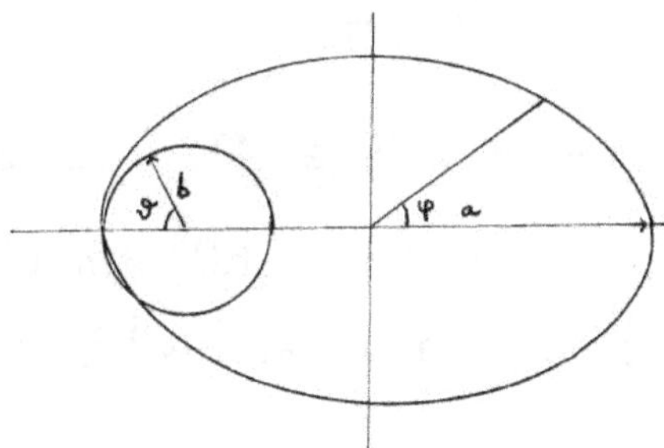

Fig.4-Two circular sections.

To get connections use is made of cycles,and the deri̱
vative[8] of the above equations are implied.

If $\varphi = n\vartheta$ and z=0

$\dot{y}$=(a+bcosϑ)n cos(nϑ)+(-b sinϑ)sin(nϑ)

$\dot{x}$=-(a+bcosϑ)n sin(nϑ)+(-bsinϑ)cos(nϑ);

$\dfrac{y}{x}$=tan(nϑ) (p.11).

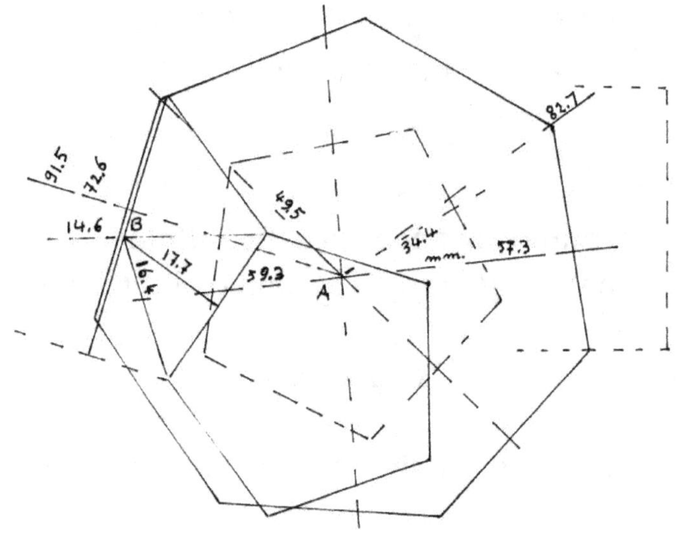

Fig.5-Near[9] to a Black Hole($\equiv A$).See p.66 too.

With $\tan\dfrac{\alpha}{2} = -1$, α=$(90 \pm k\, 360)mm.$ one finds a
particular set of stars associated with A:

Actually
$-[90+40(360)]=-14490 \longrightarrow 14.49$ mm.

14490+	16650	18810	20970	23130|23490+	28170
3600=	17010	19170	21330	23490| 3600=	28530
14850	17370	19530	21690	|27090	28890
15210	17730	19890	22050	| 360	29250
15570	18090	20250	22410	| 27450	
15930	18450	20610	22770	| 27810	

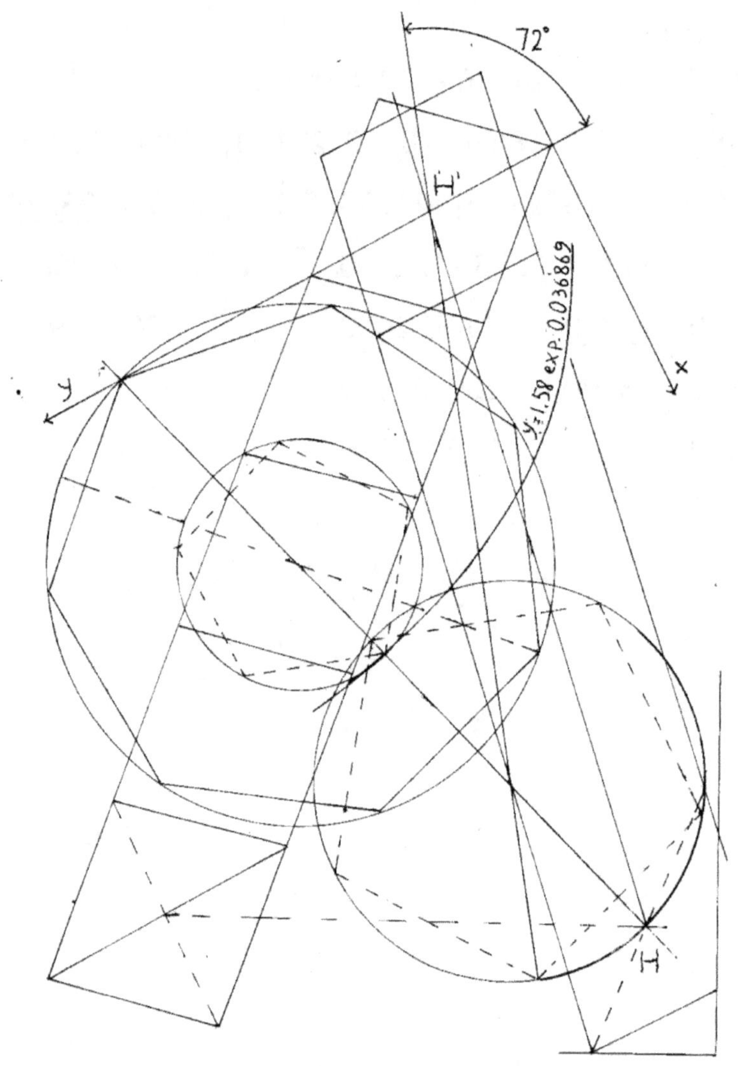

Fig.6- H$\longrightarrow H'$, where[10] H $\equiv$ Black Hole.   Hurricane Katrina: $\frac{8.5mm}{2.5mm}=e^{w}$ $\Rightarrow$w$\cong$0.037(33.07)[Le Scienze-Milano-Italy-Ottobre 2005;translated Scientific American).

Theoretical improvement

While 0.03689531 stemmed from measurements in fig.6,a deeper insight comes with the dynamic varia‑ble Y:

The matrix(p.140)

$$Y=\begin{vmatrix} 0 & -1 & 0 & 0 \\ 1 & 0 & 0 & 0 \\ 0 & 0 & 0 & -1 \\ 0 & 0 & 1 & 0 \end{vmatrix} \quad \text{and} \quad \begin{vmatrix} 0 & 0 & A_1 & A_2 \\ 0 & 0 & -A_2 & A_1 \\ B_1 & B_2 & 0 & 0 \\ B_3 & B_4 & 0 & 0 \end{vmatrix}$$

commute when $B_3 = -B_2$ and $B_4 = B_1$. Note that $Y^4=I$. For the eigenvalues λ

$$\begin{vmatrix} -\lambda & 0 & A_1 & A_2 \\ 0 & -\lambda & -A_2 & A_1 \\ B_1 & -B_3 & -\lambda & 0 \\ B_3 & B_1 & 0 & -\lambda \end{vmatrix}=0 \qquad \text{or}$$

$$\lambda^4 - 2\lambda^2(A_1 B_1 - A_2 B_2) + (A_1^2 + A_2^2)(B_1^2 + B_2^2) = 0$$

If $B_1 = A_1$ and $B_2 = A_2$,this solution becomes

$$\lambda^2 = (A_1^2 - A_2^2) \pm i2A_1 A_2 = \varrho e^{\pm i\varphi} \text{ whith } \varrho = A_1^2 + A_2^2;$$

$\tan\varphi = \dfrac{2A_1 A_2}{A_1^2 - A_2^2} = -1$ because of the torus' connection

(p.11;p.12).Then $A_1 = A_2\left(-1 - \sqrt{2}\right);$

$\varrho = A_2^2(4 + 2\sqrt{2})$, $\quad \lambda = \pm A_2\sqrt{4 + 2\sqrt{2}}\,e^{\pm i22°.5}$,

T = Trace $\propto \left(4 + 2\sqrt{2}\right)^{\frac{1}{2}} 2cos22°.5 = 3.69551813$

16.05T=59.3136599   (fig.5;p.12)

15.47T=57.1696547

The measurements can be matched with

$\qquad$ d=distance=59.3136599$e^{\pm k0.036806185}$

Enlargement*:   d'=99.64569486326$e^{\pm h0.036806185}$

where 59.3136599(1.68)=99.646948632

*It's suitable to find distances from Andromeda's center in the - Weekly Publication<SPAZIO>-Milano (Italy)-Hobby & Work Publishing Srl.,n23(2013),p.273

Table :   levels found with the dynamic variable Y (Fig.17a, p.33) -

71.75T=**265**.15 1847.5T=**68**27.46   2687.75T=**99**32.6

91T=**33**6.29   1884T=**69**62.3   2736.5T=**101**12.78

1238.75T=**45**77.8 1957.25T=**72**33.0

3138.5T=**115**98.3   1299.5T=**48**.02.3 2042.5T=**75**48.0

3515.75T=**129**92.5 1360.5T=**50**27.7 2127.75T=**78**63.1

 4307.5T=**159**18.4 1397T=**51**62.6 2164.25T=**79**98.0

4684.75T=**173**12. 1652.25T=**61**05.9 2261T=**83**55.5

5452T=**201**47.96 1762.5T=**65**.13.3   2286T=**84**47.95

5683.25T=**210**02.5   1786.75T=**66**02.96

Spin at work

The other dynamic variable

$$I_3 = \begin{vmatrix} 0 & 0 & -x & 0 \\ 0 & 0 & 0 & x \\ x & 0 & 0 & 0 \\ 0 & -x & 0 & 0 \end{vmatrix} \text{ and } F = \begin{vmatrix} 0 & 0 & ia & 0 \\ 0 & 0 & 0 & ia \\ -ia & 0 & 0 & 0 \\ 0 & -ia & 0 & 0 \end{vmatrix}$$

commute;then one might use F instead of I_3 .The ei -
genvalues λ of the product[11]of F by

$$\begin{bmatrix} e^{i\vartheta} & 0 & 0 & 0 \\ 0 & e^{-i\vartheta} & 0 & 0 \\ 0 & 0 & e^{-i\vartheta'} & 0 \\ 0 & 0 & 0 & e^{i\vartheta'} \end{bmatrix} \quad \text{yield}$$

$$\begin{bmatrix} -\lambda & 0 & (iae^{-i\vartheta'}) & 0 \\ 0 & -\lambda & 0 & (iae^{i\vartheta'}) \\ -iae^{i\vartheta} & 0 & -\lambda & 0 \\ 0 & -ia\,e^{-i\vartheta} & 0 & -\lambda \end{bmatrix} = 0 \quad \text{or}$$

$$\lambda^4 - a^2\left[e^{i(\vartheta'-\vartheta)} + e^{-i(\vartheta'-\vartheta)}\right] + a^4 = 0;$$

$$\lambda = \pm a e^{\pm i(\vartheta' - \vartheta)/2}$$

T=Trace[12]=2acos($\frac{\vartheta'-\vartheta}{2}$)=k=constant.Finally, putting

ϑ'=-ϑ ,cosϑ=$\frac{k}{2a}$ (p.109).As a trial $\cos\vartheta = \frac{2}{7.7}$ $\Rightarrow$

ϑ=(74.94534936$\pm$h360)mm.;ϑ+22(360)

=7994.945 mm,and are led [13] to use

d=distance(mm.)=79.9494$e^{\pm n0.011096}$.

Example: if n=108 ,d=265.007;n=108.05 ,d=<u>265.154</u> -

Eptagon with a saddle point at its center

When in a photogram regarding stars it's found an - eptagon with an associated angle measuring 45° as - respect to one of the radia connecting center and - vertices ,such a center could be a saddle point. Proof: It's possible to find commutation between the following cyclical matrices with $\alpha=\dfrac{360°}{7}$ and $\beta=\dfrac{360°}{8}$

because $A=\begin{vmatrix} e^{i\alpha} & \lambda_1 \\ 0 & e^{-i\alpha} \end{vmatrix}\begin{bmatrix} e^{-i\beta} & -\lambda_2 \\ 0 & e^{i\beta} \end{bmatrix}=$

$$\begin{bmatrix} e^{i(\alpha-\beta)} & (-\lambda_2 e^{i\alpha}+\lambda_1 e^{i\beta}) \\ 0 & e^{-i(\alpha-\beta)} \end{bmatrix}$$

$$\begin{bmatrix} e^{-i\beta} & -\lambda_2 \\ 0 & e^{i\beta} \end{bmatrix}\begin{bmatrix} e^{i\alpha} & \lambda_1 \\ 0 & e^{-i\alpha} \end{bmatrix}$$
$$=\begin{bmatrix} e^{i(\alpha-\beta)} & (\lambda_1 e^{-i\beta}-\lambda_2 e^{-i\alpha}) \\ 0 & e^{-i(\alpha-\beta)} \end{bmatrix}$$

and $\lambda_2 e^{i\alpha}+\lambda_1 e^{i\beta}=\lambda_1 e^{-i\beta}-\lambda_2 e^{-i\alpha}$ if
$\lambda_2=\lambda_1\dfrac{sin\beta}{sin\alpha}$

The cyclical behaviour is shown as follows[14]

$$\begin{bmatrix} e^{i\alpha} & \lambda_1 \\ 0 & e^{-i\alpha} \end{bmatrix}\begin{bmatrix} e^{i\alpha} & \lambda_1 \\ 0 & e^{-i\alpha} \end{bmatrix}=\begin{bmatrix} e^{2i\alpha} & \lambda_1(e^{i\alpha}+e^{-i\alpha}) \\ 0 & e^{-2i\alpha} \end{bmatrix}=$$

$$=\begin{bmatrix} e^{2i\alpha} & \dfrac{\lambda_1(e^{2i\alpha}-e^{-2i\alpha})}{e^{i\alpha}-e^{-i\alpha}} \\ 0 & e^{-2i\alpha} \end{bmatrix}$$ and so on .

The trace of the former product is

$$2\cos(\alpha - \beta) = 2\cos\frac{360°}{56} = 1.98742442 \ .$$

Looking for real figures, one needs another commu -

tation: $\begin{bmatrix} e^{i\alpha} & \lambda_1 \\ 0 & e^{-i\alpha} \end{bmatrix} \begin{bmatrix} n & m \\ 0 & s \end{bmatrix} = \begin{bmatrix} ne^{i\alpha} & me^{i\alpha} + \lambda_1 s \\ 0 & se^{-i\alpha} \end{bmatrix}$

$$\begin{bmatrix} n & m \\ 0 & s \end{bmatrix} \begin{bmatrix} e^{i\alpha} & \lambda_1 \\ 0 & e^{-i\alpha} \end{bmatrix} = \begin{bmatrix} ne^{i\alpha} & n\lambda_1 + me^{-i\alpha} \\ 0 & se^{-i\alpha} \end{bmatrix}$$

where $m\,e^{i\alpha} + \lambda_1 s = n\lambda_1 + me^{-i\alpha}$; $\quad$ m$=\frac{\lambda_1(n-s)}{2i\sin\alpha}$.

Let' put n=1, s= -2 , $\lambda_1 = i\lambda_2$. Then ,the product

$$B = \frac{\sqrt{2}}{2} \begin{bmatrix} 1 & \frac{3\lambda_2}{2\sin\alpha} \\ 0 & 2 \end{bmatrix} \begin{bmatrix} 1 & -1 \\ 1 & 1 \end{bmatrix} =$$

$\frac{\sqrt{2}}{2} \begin{bmatrix} 1 + \frac{3\lambda_2}{2\sin\alpha} & -1 + \frac{3\lambda_2}{2\sin\alpha} \\ -2 & -2 \end{bmatrix}$,that one uses instead of

A, has two real eigenvalues w leading to a saddle -

point[15] :

$$\begin{vmatrix} 1 + \dfrac{3\lambda_2}{2\sin\alpha} - w & -1 + \dfrac{3\lambda_2}{2\sin\alpha} \\ -2 & -(2+w) \end{vmatrix} = 0$$

or

$$w^2 - w\left(-1 + \frac{3\lambda_2}{2\sin\alpha}\right) - 4 = 0.$$ The requirement for

the saddle is $\lambda_2 <$0. If λ_2=-1 the eigenvalues are given by w_1=-3.935071869, w_2=+1.016499859.

The trace in(B)becomes

$$T=\frac{\sqrt{2}}{2}\left(1+\frac{3\lambda_2}{2\sin\alpha}-2\right)=3.4775562\ .$$

Example :   On the diameter of Andromeda galaxy (found in M.J.Rees- Black Holes in Galactic Centers- Scientific American - Nov.1990,p.29)

23T=79.9927934≅ 8mm from its center (pictured sequence at p.69and p.93)
37.5T=130.4233359≅13mm,
46T=159.9859587≅16mm,62.25T=216.50...≅
±21.6mm, 63.25T=219.980...≅22mm,
 80.75T =280.49...≅28mm , 98T = 340.412≅34mm ,
108.75=378.22≅37.8mm, 115T=399.918...≅40mm,
124.25T=432.13≅43.2 ,132.25T=459.95≅46mm.

Saddle point in a cluster of galaxies
With a photography displaied in the <Scientific Ameri
can - August 1991, p.32> one immediately gets the -
steepest descent from the saddle point.The projecti -
on of its plane is AB orthogonal to HK .The ratio of -
the distances of two galaxies from the center of the -
eptagon is(fig.7,p.21) $\dfrac{OB_1}{OA_1}=\dfrac{49.7mm}{61.2mm}=\lambda=\underline{\textbf{0.81209}}$.

y=$a_1 b_1$=measured mm.from the saddle point(formula at p.64)

w	$a_1 = \dfrac{e^{\lambda w}}{\sqrt{w}}$	$b_1 = (2w)^{w+1}$	y=$a_1 b_1$	$\sqrt{y}$
1.36	2.584	10.60	27.40	5.2
1.44	2.716	13.21	35.87	5.99
1.48	2.734	14.75	40.237	6.35
1.63	2.94	22.37	65.7	8.10
1.65	2.971	23.66	70.30	8.38

$$\dot{y} = \frac{d}{dw}[\sqrt{2}\,(2w)^{w+\frac{1}{2}}\,e^{\lambda w} =$$

$$\sqrt{2}\,\frac{d}{dw}\left[e^{\left(w+\frac{1}{2}\right)\ln 2w}\,e^{\lambda w}\right] = \quad y\left[\ln 2w + \frac{1}{2w} + \lambda + 1\right]$$

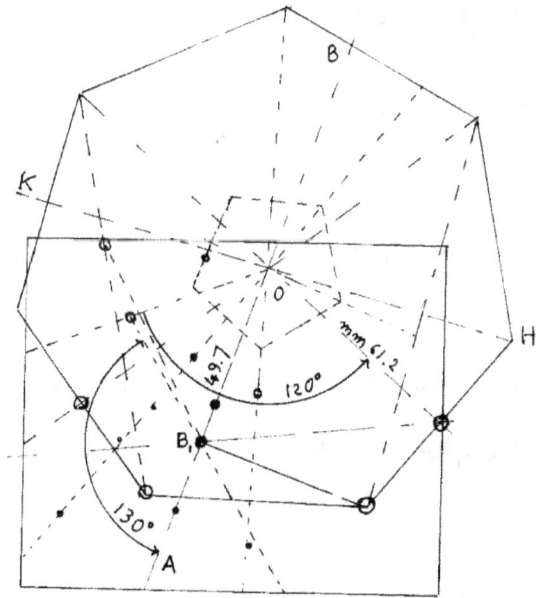

Fig.7-Saddle point.

$$\dot{y}_{1.15} = 14.21[ln2(1.15) + \frac{1}{2(1.15)} + 1.81209]$$

=43.76369839

$\dot{y}_{1.36} = 87.14210892$; $\dot{y}_{1.44} = 115.3974673$;

$\dot{y}_{1.63} = 216.8471639$; $\dot{y}_{1.65} = 232,6257068$;

$(\dot{y}_{1.65} - \dot{y}_{1.63})/0.02$ =**788**.9271452~acceleration

y=$\frac{1}{2}$ aw^2 $\Rightarrow$ $\sqrt{a} = \sqrt{2}\,\sqrt{y}$ /w=$\sqrt{2}$ **tanα**

$\sqrt{2}$ tanα=$\sqrt{2}$ (8.38-8.1)/(1.65-1.63)=19.79898987

(fig.8)

$$[\sqrt{2}\textbf{tanα}]^2=\textbf{392}$$

788.9271452/392$\cong$2.01

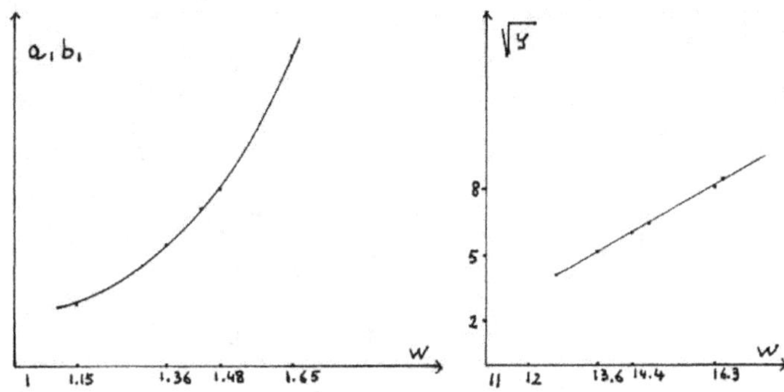

Fig.8-As expected, y=$\frac{1}{2}$ aw^2 at right .

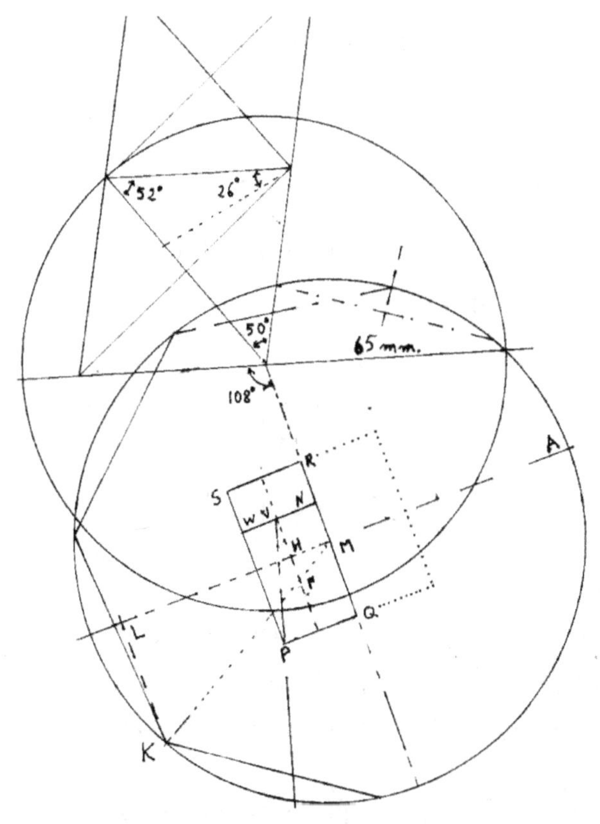

Fig.9 –Temple'stradition*.VM=11$\sqrt{2}$=15.55634919 mm. ; FMcos29°.45=11,$\frac{FM}{VM}\cong$**0.8120** (p.21) .
RSPQ=Ezekiel's sanctuary .WN=medial of Solomon's temple.W$\widehat{V}$P=72°.(*V.I.Morrone-First sanctuaries, Jerusalem and Black Holes-
https:/www.youcanprint.it)

23

Rhombic[16] dodecahedron

By drawing the vectors
$$v_1 = \frac{a}{2}(-\vec{\imath}+\vec{\jmath}+\vec{k}) \; ; \quad v_2 = \frac{a}{2}(\vec{\imath}-\vec{\jmath}+\vec{k}) \; ; \quad v_3 = \frac{a}{2}(\vec{\imath}+\vec{\jmath}-\vec{k})$$
from the origin (Fig.10),

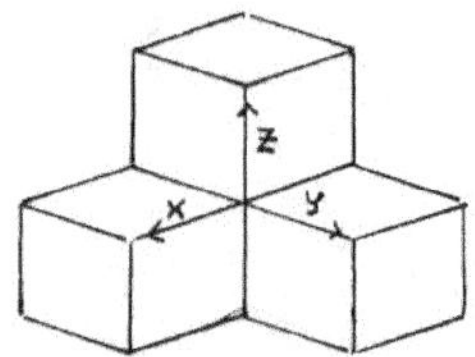

Fig.10-

where $\vec{\imath},\vec{\jmath},\vec{k}$ are unit vectors and a is the distance of two adjacent vertices of each cube, the new vectors
$$\vec{w}_1/2\pi=(\vec{v}_2 x \vec{v}_3)/\vec{v}_1 \cdot (\vec{v}_2 x \vec{v}_3) \; ; \vec{w}_2/2\pi = (\vec{v}_3 x \vec{v}_1)/\vec{v}_1 \cdot (\vec{v}_2 x \vec{v}_3)$$
$$\vec{w}_3/2\pi = (\vec{v}_1 x \vec{v}_2)/\vec{v}_1 \cdot (\vec{v}_2 x \vec{v}_3)$$
satisfy the relations $\vec{w}_i \cdot \vec{v}_j = 2\,\delta_{ij}$ ($\delta_{ij} = 1$ when i =j, otherwise $\delta_{ij} = 0$);this means parallelism.

   Inside the rhombic dodecahedron made of rhomba, the vectors from the origin O to a peripheral rhombus have the expressions that follow:
$$\frac{1}{2}w_1 = \frac{\pi}{a}(\pm\vec{\jmath}\pm\vec{k}) \qquad \frac{1}{2}w_2 = \frac{\pi}{a}(\pm\vec{\imath}\pm\vec{k}) \; ; \quad \frac{1}{2}w_3 = \frac{\pi}{a}(\pm\vec{\imath}\pm\vec{\jmath}) \,.$$ Since

$$v_2 x v_3 = \frac{a^2}{4} (\vec{i} - \vec{j} + \vec{k}) x (\vec{i} + \vec{j} - \vec{k}) =$$

$$= \frac{a^2}{4} (\vec{i}x\vec{j} - \vec{i}x\vec{k} - \vec{j}x\vec{i} + \vec{j}x\vec{k} + \vec{k}x\vec{i} + \vec{k}x\vec{j}) =$$

$$= \frac{a^2}{4} \left[2(\vec{i}x\vec{j} + \vec{k}x\vec{i}) \right] = \frac{a^2}{4} (\vec{k}x\vec{j}) \quad \text{and}$$

$$v_1 \cdot (v_2 x v_3) = \frac{a^3}{4} (-\vec{i} + \vec{j} + \vec{k}) x (\vec{k} + \vec{j}) = \frac{a^3}{4}(k^2 + j^2) = \frac{a^3}{2}$$

one obtains $\dfrac{w_1}{2} = \dfrac{\pi}{a} (\vec{j} + \vec{k})$ (it occurs at p.26).

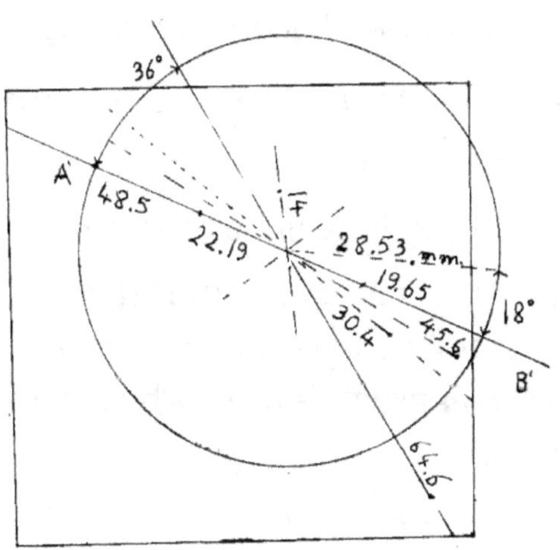

Fig.11- Sources of forces found[17] at 12 billion light-years. 30.4/22.19 ≅1.36998 .

25

Is there a signature for a Black Hole?(p.33)

For the fig.11,where in the circles is contained a huge
gaseous mass mixed with powders at about 12 billi -
on light years (according to the newspaper IL MATTI-
NO −Napoli (Italy) 7 Gennaio-2001,p.12),noting the -
locations of some stars ,we suppose one should also
consider the eventuality of existence of a cube ,on
the base of Fedorov's achievements about the five -
parallelohedra in the three dimensional space[18].
Among such objects the rhombic dodecahedron de -
pends on a set of adjacent cubes (fig. 10). For this rea
son we are led to use the parameter(p.25) $\frac{1}{2}|\vec{w}_1|=\frac{\pi\sqrt{2}}{a}$
where as a trial a=14mm. It turns out that this conjec
ture has a certain weight; in fact multiples of $\frac{1}{2}|\vec{w}_1|=$
3.14(1.414)/14=0.31714 coincide(p.27) with the main
levels(= stars' positions)in the picture. The gaseous
mass is the aggregate from which a galaxy should be
originated.

Table: **12.68560**+n 0.63428 , where
0.63428=2(0.31714); 40(**0.31714**)=**12.6856**

12.68560	23.46836	34.25112	45.03388	55.81664
13.31988	24.10264	34.88540	45.66816	56.45092
13.95416	24.73692	35.51968	46.30244	57.08520
14.58844	25.37120	36.15396	46.93672	57.71948
15.22272	26.00548	36.78824	47.57100	58.35376
15.85700	26.63976	37.42252	48.20528	58.98804
16.49128	27.27404	38.05680	48.83956	59.62232
17.12556	27.90832	38.69108	49.47384	60.25660
17.75984	**28.54**260	39.32536	50.10812	61.52516
18.39412	29.17668	39.95964	50.74240	62.15944
19.02840	29.81116	40.59392	51.37668	62.79372
19.66268	**30.44**544	41.22820	52.01096	63.42800
20.20696	31.07972	41.86248	52.64524	64.06228
20.93124	31.71400	42.49676	53.27952	**64.6**9656
21.56552	32.34828	43.13104	53.91380	
22.19980	32.98256	43.76532	54.54808	
22.83408	33.61694	44.39960	55.18236	

$$\frac{48.20528+48.83956}{2}=\mathbf{48.5}2242$$

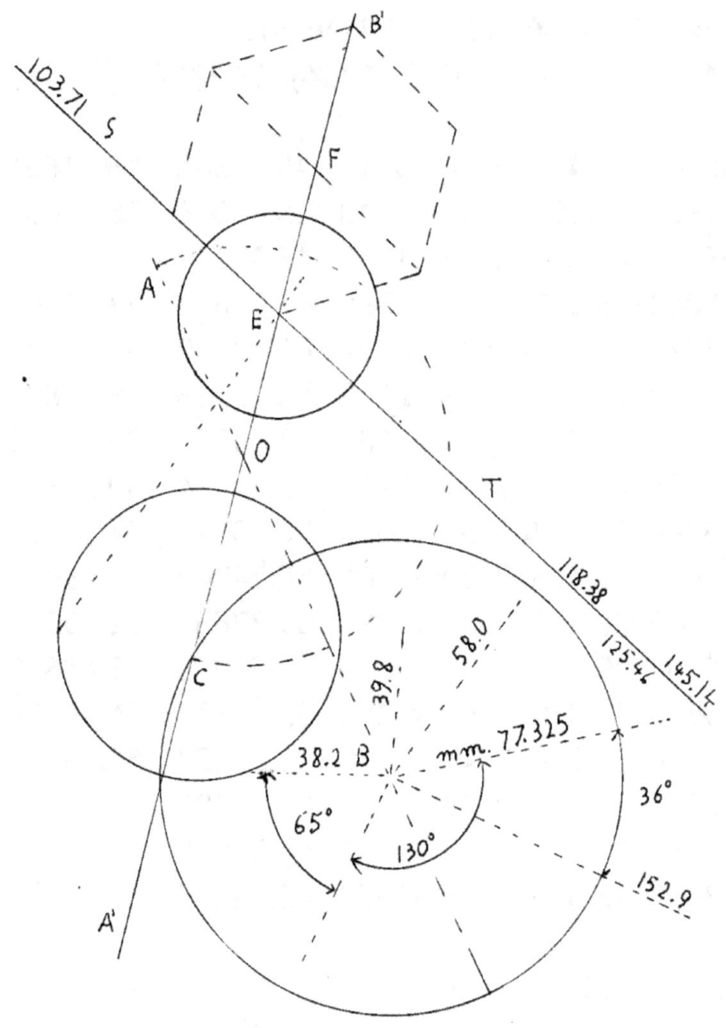

Fig.12-C and F mark a path across the entire galaxy[19].E≡ sad<u>d</u>le point.Probably B is a Black Hole($\sim B_1$,p.21).

OB=95mm,OA=56.

Distances fromB=d=$77.32e^{-n0.0368}$,Δn=0.0625 .

a)λ=0.0368 $y=(2w)^{w+1}e^{\lambda w}/\sqrt{w}$;

w	$\frac{1}{\sqrt{w}}$	$a_1=\frac{e^{\lambda w}}{\sqrt{w}}$	$b_1=e^{(w+1)ln2w}$	$y=a_1b_1(mm)$	$\sqrt{y}$
141.8	0.0839	15.4886	6.692	103.66	10.18
145.6	0.0828	17.60498	6.72373	118.37	10.87
147.3	0.0823	18.6220	6.737	125.4597	11.20
151.5	0.0812	21.43129	6.770	145.09	12.04
155.0	0.0802	24.1787	6.797	164.35	12.82

$$\dot{y} = \frac{dy}{dw} = y\left(ln2w + \frac{1}{2w} + 1 + \lambda\right)$$

$\dot{y}_{141.8}$ =693.2667695 $\dot{y}_{145.616}$=794.7863284

$$\frac{\dot{y}_{145.616}-\dot{y}_{141.8}}{145.616-141.8}=\frac{101.5195589}{3.816}=26.60365799 \sim acceleration$$

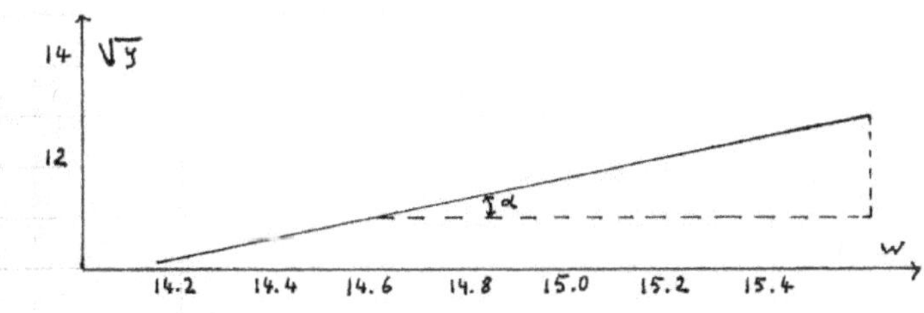

Fig.13-Points of steepest descent along ST.

$$y=\frac{1}{2}a\,w^2 \Rightarrow \sqrt{a}=\sqrt{2}\,\frac{\sqrt{y}}{w}=\sqrt{2}tan\alpha = \sqrt{2}\frac{10.18-10.8798}{145.616-141.8} =$$

=0.259346606 ;a=0.067260662

0.067260662/26.60365799$\cong$0.0025

b) λ=0.81209   ;y=$a_1 b_1$ =direct measurements (graph of fig.12,p.28).

w	1.866	1.823	1.8059	1.766	1.902
$\frac{1}{\sqrt{w}}$	0.732	0.7406	0.7441	0.752	0.725
$b_1 = e^{(w+1)ln2w}$	43.569	38.548	36.71	32.842	48.359
y=$a_1 b_1$(mm.)	145.14	125.46	118.38	103.71	164.35
$\sqrt{y}$	12.04	11.20	10.88	10.18	12.82

$\dot{y}_{1.9025} = 560.6336914$ $\dot{y}_{1.8059}=399.3154528$

$\frac{\dot{y}_{1.9025}-\dot{y}_{1.8059}}{1.9025-1.8059}$=**1669**.961063∼**acceleration**

$$\sqrt{a}=\sqrt{2}\frac{\sqrt{y}}{w} \quad ;\sqrt{a} = \sqrt{2}\frac{128.2-108.8}{19.025-18.059}=28.40139038;$$

a=**806.6389757**;**1669**.961063/**806.6389757**≅2.070

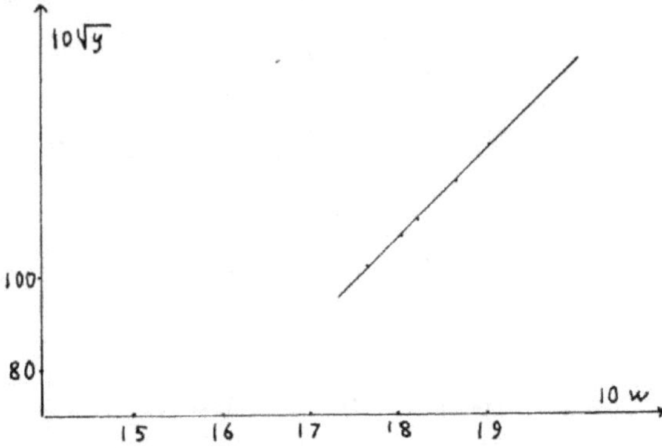

Fig.14- Along ST by the use of λ=0.81209.

Hurricane Sandy[20]

$41\text{mm.} \equiv 750\ Km.$

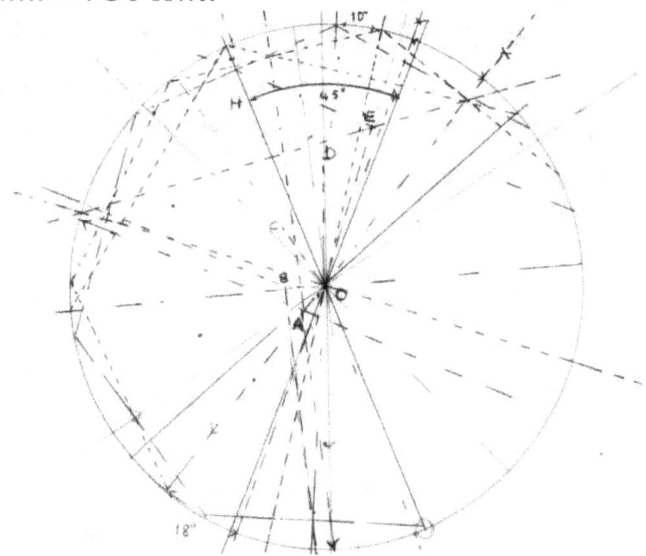

Fig.15- The distances d from O for the points ABCDE pertaining to Sandy are given by

$$d = \text{mm.}9e^{n0.050461139}$$

where n=0,5,15,25,31.5 ; moreover,around these points of the path,the circles of Sandy's action can be respectively found through their radia

$$R = 4\frac{x}{2}\left(\frac{x}{2}+1\right)\ .$$

They are mm.6,10.5,13.5,19,24 revealing a noteworthy regularity.A remark at p.14) .

Intergalactic triangle RSG

Sandy moved along the spiral ABCDE that has been enlarged[21]here : AO=9mm(Fig.15). becomes* AG= 9(2.20824935)mm.Such points gain a relevant positi on as respect to the intergalactic triangle RSG. If R is Andromeda's center, given its associated galaxy S[22], there is another,A along SG

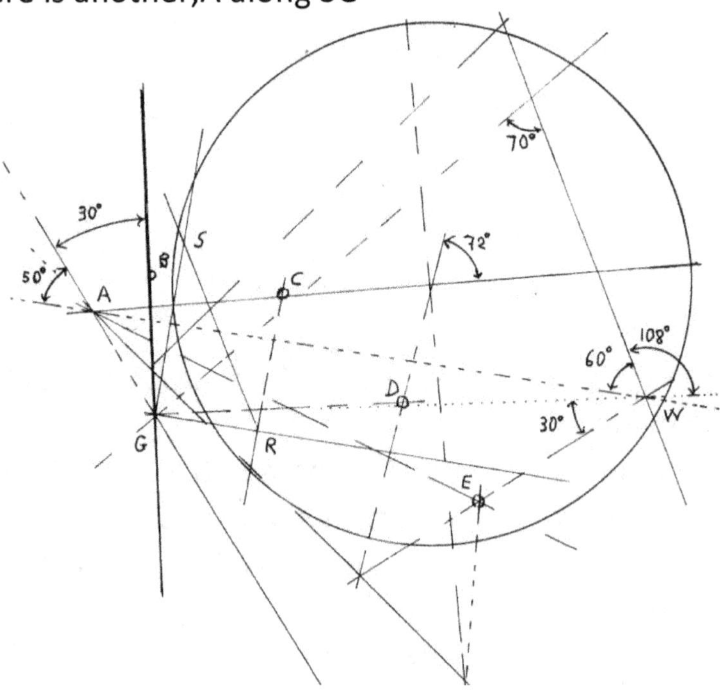

41mm≡1654.57 Km .

Fig.16- A detail from fig.17 . $d=AGe^{k0.05046439}$;
k=0,5,15,25,31.5

$*\dfrac{1654.57\ Km}{2.20824935}=749.2677401\cong 750Km(p.31)$

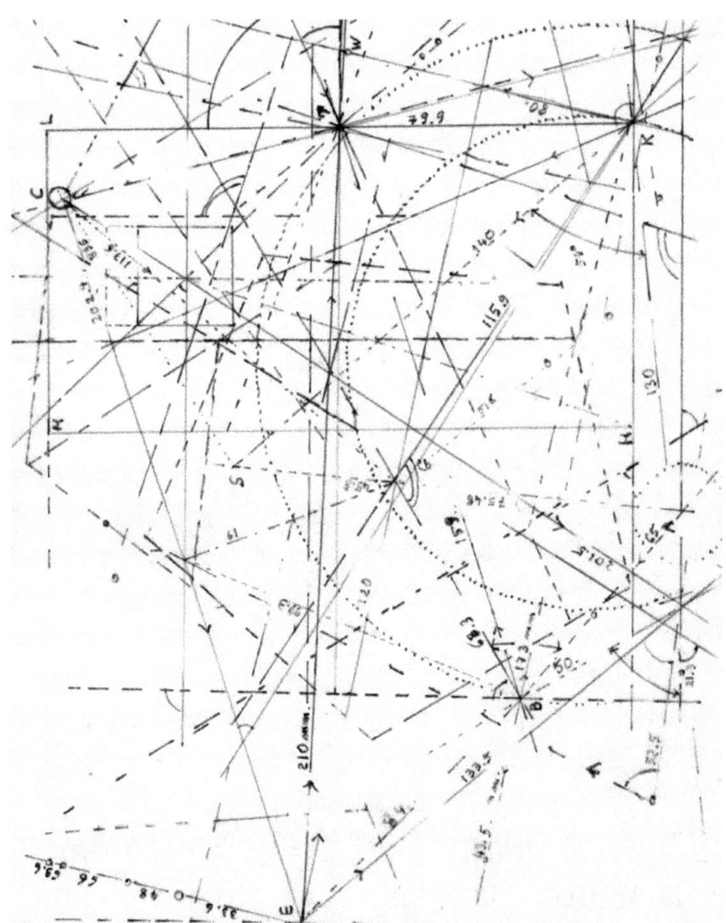

Fig.17a-Gravitation(p.46;p.49). G= singular point, AS=interga -
lactic axis. HKLM Ezekiel's temple[Adapted from<SPAZIO>-Mila
no -Italy - Hobby & Work Publishing n.23(2013)p.272;p.273].
Foster Nightingale - A Short Course In General Relativity -Springer
Verlag -New York.Rees- Black Holes In Galactic Centers- Scientific
American (=S.A.) November 1990. King – Globular Clusters- S.A.-
June 1985. Distance=mm $99.6459508e^{\pm n0.036806185}$.

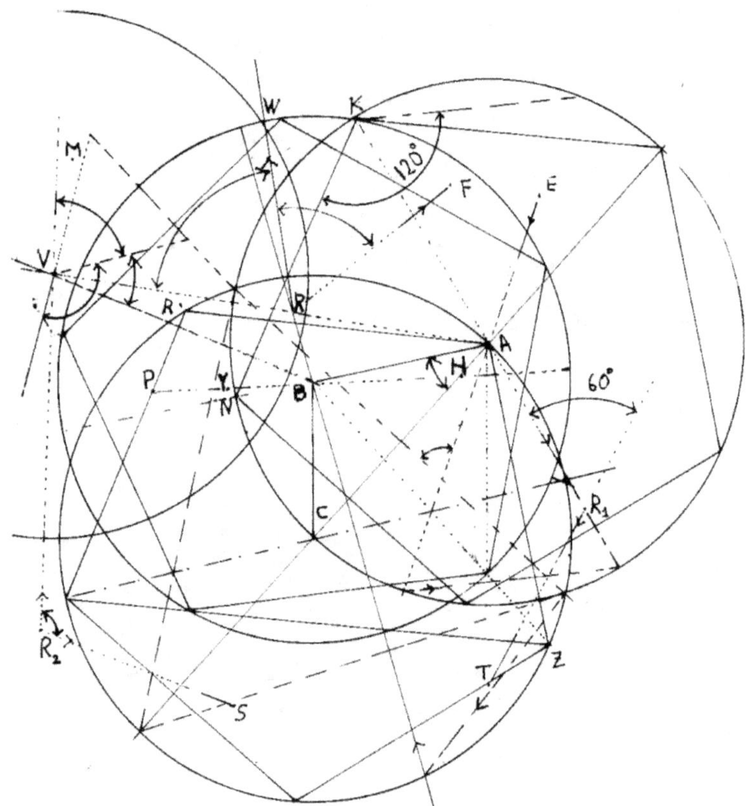

Fig.17b- BY= 22mm. ,BH= 40 , CY= 46 are known - lenghts in Andromeda as yet. Superposing this pat - tern on the cover of the book <La materia oscura> one gets the red stars R_1, R_2, R laying upon the line VA and R very close to the pentagon's vertex. If λ is eigenvalue of the inverse matrix of

$$\begin{vmatrix} 2 & 1 \\ 1 & -1 \end{vmatrix}, \lambda = \frac{-1+\sqrt{13}}{6}, \quad \Rightarrow \quad AF= 99\lambda,\ BF=147\lambda,\ CF=230\lambda,$$

$R_2A =330\lambda, R_2B=228\lambda, R_2C=180\lambda$ ...

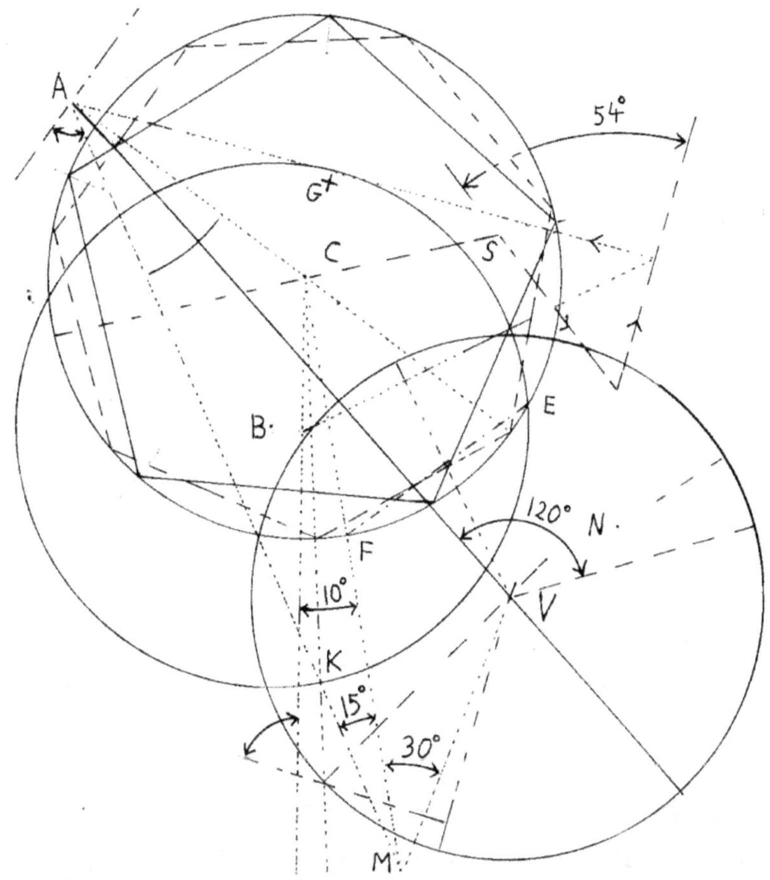

Fig.17c- B,C,V are taken from the fig.17b;C (above) is the center of **Andromeda** .G and the two galaxies A and S from fig.
17a.

M ≡ globular cluster,N ≡ faintly luminous star.

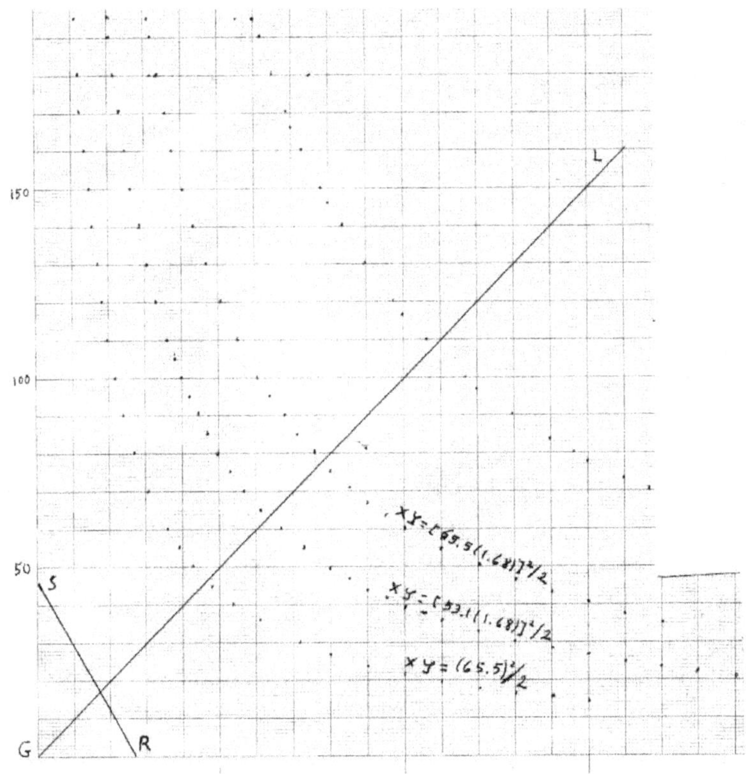

Fig.18- The axial symmetry revealed by the equila<u>te</u> ral hyperbolas accompanied by the equal curves on the opposite side of L as respect to G can't be a<u>c</u> - counted for the Andromeda's presence(at R), neither for the other closest galaxies (p.33). Then G is a si<u>n</u> - gular point.

Matrices near to a Black Hole

Let's put[24]

$$g=\begin{vmatrix} 0 & z & -y & -x \\ -z & 0 & -x & y \\ y & x & 0 & z \\ x & -y & -z & 0 \end{vmatrix} \qquad I_{st}=\begin{vmatrix} 0 & 0 & x_3 & x_4 \\ 0 & 0 & y_3 & y_4 \\ -x_3 & -y_3 & 0 & 0 \\ -x_4 & -y_4 & 0 & 0 \end{vmatrix}$$

Their product yields

$$\begin{vmatrix} yx_3+xx_4 & yy_3+xy_4 & zy_3 & zy_4 \\ -(xx_3+yy_4) & xy_3-yy_4 & -zx_3 & -zx_4 \\ -zx_4 & zy_4 & yx_3+xy_3 & yx_4+xy_4 \\ zx_3 & zy_3 & xx_3+yy_3 & xx_4+yy_4 \end{vmatrix}$$

$$\Rightarrow \begin{vmatrix} 0 & 0 & y_3 & y_4 \\ 0 & 0 & -x_3 & -x_4 \\ -x_4 & -y_4 & 0 & 0 \\ x_3 & y_3 & 0 & 0 \end{vmatrix} \quad \text{which can be identified}$$

with a change of connection[25].In a first inquiry we in
troduce the following equivalence which represents
an evolution:

$$\begin{vmatrix} 0 & 0 & x_3 & x_4 \\ 0 & 0 & y_3 & y_4 \\ -x_3 & -y_3 & 0 & 0 \\ -x_4 & -y_4 & 0 & 0 \end{vmatrix}\begin{vmatrix} A & B & 0 & 0 \\ -B & A & 0 & 0 \\ 0 & 0 & E & F \\ 0 & 0 & -F & E \end{vmatrix}$$

$$= \begin{vmatrix} A & B & 0 & 0 \\ -B & A & 0 & 0 \\ 0 & 0 & E & F \\ 0 & 0 & -F & E \end{vmatrix} \begin{vmatrix} 0 & 0 & y_3 & y_4 \\ 0 & 0 & -x_3 & x_4 \\ -x_4 & y_4 & 0 & 0 \\ x_3 & y_3 & 0 & 0 \end{vmatrix}$$

Recalling the Han - Nambu matrix [26] for the electric (p.129) charge

$$\begin{bmatrix} 0 & -1 & -1 \\ 1 & 0 & 0 \\ 1 & 0 & 0 \end{bmatrix} \text{,a comparison with} \begin{bmatrix} 0 & y_3 & y_4 \\ -y_3 & 0 & 0 \\ -y_4 & 0 & 0 \end{bmatrix}$$

suggests $y_3 = y_4 = -1$ as a trial. From the equivalence one gets

$$x_3 E - x_4 F = -(Ay_3 + Bx_3) \Rightarrow x_3(E + B) = x_4 F + Ay_3$$
$$x_3 F + x_4 E = -(-Ay_4 + Bx_4) \quad x_4(E + B) = -(x_3 F - Ay_4)$$
$$y_3 E - y_4 F = -By_3 + Ax_3 \quad y_3(E + B) = y_4 F + Ax_3$$
$$y_3 F + y_4 E = -(By_4 + Ax_4) \quad y_4(E + B) = -y_3 F - Ax_4$$

$$-x_3 A + y_3 B = -Ex_4 + Fx_3 \quad x_3(F + A) = Ex_4 + By_3$$
$$-(x_3 B + y_3 A) = -Ey_4 + Fy_3 \quad y_3(F + A) = Ey_4 - Bx_3$$
$$-(x_4 A - y_4 B) = Fx_4 + Ex_3 \quad x_4(F + A) = Ex_3 - By_4$$
$$-(x_4 B + y_4 A) = Fy_4 + Ey_3 \quad y_4(F + A) = -Ey_3 - x_4 B$$

The first four expressions reveal

$$\frac{x_3}{x_4} = \frac{x_4 F + Ay_3}{-x_4 A - y_3 F} \Rightarrow -x_3 x_4 A - y_3 x_3 F = x_4 y_4 F + y_3 y_4 A$$
$$\frac{x_4}{y_3} = \frac{Ay_4 - x_3 F}{x_3 A + y_4 F} \quad x_3 x_4 A + x_4 y_4 F = y_3 y_4 A - x_3 y_3 F$$

and adding the first equation to the second

$$F(x_4 y_4 - x_3 y_3) = F(x_4 y_4 - x_3 y_3) + 2y_3 y_4 A$$

Hence A=0 . Analogously ,with the remaining equations

$$-(x_3 B + y_3 A) = -E y_4 + F y_3 = E - F$$
$$-(x_4 B + y_4 A) = F y_4 + E y_3 = -(F + E) \Rightarrow$$

$$\begin{cases} -B(x_3 + x_4) + 2A = -2F \\ B(x_4 - x_3) = 2E \end{cases} \qquad (i)$$

$$-x_3 A + y_3 B = -x_4 E + F x_3$$
$$-(x_4 A - y_4 B) = -F x_4 + E x_3 \qquad \Rightarrow$$

$$\begin{cases} x_3(F + A) = y_3 B + x_4 E \\ x_4(F - A) = E x_3 - B y_4 \end{cases} \qquad (ii)$$

Therefore , from(i) $\dfrac{x_3 + x_4}{x_4 - x_3} = \dfrac{[2(F+A)/B]}{2E/B}$.

As $y_3 = y_4$, from(ii)

$$F(x_3 + x_4) + +A(x_3 - x_4) = E(x_3 + x_4)$$

$\Rightarrow \dfrac{x_3 + x_4}{x_4 - x_3} = \dfrac{A}{F - E}$ .In this way one has the linkage

$$F^2 + FA - EF - EA = EA \text{ ;and since A=0}$$

$\Rightarrow$ F=E .

Finally $\sin\varphi = \cos\varphi$ (from $F = E$)

$$\varphi = (45 \pm k180)\,\text{mm}.$$

$\cos\vartheta=0$(in fact A=0) $\qquad\qquad \vartheta=(90\pm n360)mm.$

Table:stars in proximity to a Black Hole(p.33):

|45-180|	3735	7335	10755	13635	17415	
135	3915	7515	10935	13815	17595	
315	4095	7555	11115	K13995	17775	
	4275	7695	11295	14175	17955	
675	4455	7875	11475	14355	18135	
855	4635	K 7965	G 11565	14535	18315	
1035	E 4815	8055	11655	14715	18495	
1215	B 4995	8235	11835	14895	18675	
1395	G 5175	E 8415	G12015	15075	18855	
1575	5355	8595	12195	15255	19035	
1755	5535	8775	12375	15435	19215	
1935		8955	12555	15615	19395	
2115	5895	9135	12735	15795	19575	
2295	G 6075	10035	12915	16155	19755	
3195	6975	10215	13095	16335	19935	
E 3375	7155	10395	13275	16516	20115	
3555	G 7245	10575	13455	E17325	E21015	

Table:|90-n360| for both Black Holes(mm.)and cycle of fundamental particles(MeV),with the Higgs boson. The particles' masses are given by m=17.4 $e^{k0.011096}$.

90-	6390	18990	38430	57870	*78390	98910
360=	6750	20070	39510	60030	79470	101070
-270	7110	21150	40590	G61110	80550	*102150
630	7470	22230	41670	62190	81630	103230
990	7830	23310	42750	63270	82710	104310
1350	*8190	24390	43830	64350	83790	105390
1710	8550	25470	44910	65430	84870	106470
2070	8910	G26550	G45990	66510	85950	107550
2430	*9270+	27630	47070	67590	87030	108630
2790	1080	28710	E48150	68670	88110	109710
3150	10350	29790	49230	E69750	89190	110790
3510	11430	30870	50310	70830	90270	111870
3870	12510	31950	G51390	71910	91350	112950
4230	13590	33030	52470	72990	92430	114030
4590	14670	34110	53550	74070	93510	115110
4950	15750	35190	54630	75150	94590	116190
5310	16830	36270	55710	76230	95670	117270
5670	17910	37350	56790	77310	97830	118350
6030						

$\Lambda^0 = 1115.10\ MeV$, $\Sigma^+ 1187.10$,

$\Sigma^0 \begin{Bmatrix} 119070 \\ 119430 \end{Bmatrix}$,$\Sigma^- = 119790$

```
119790+  138150   157590|                              |
   1080= 139230   158670| 167310+  265590+|   351990+
120870   140310   159750|  10800=   10800=|     1080=
121950   141390   160830| 178110   276390 |   353070
123030   142470   161910| 188910   287190 |   354150
124110   143550   162990| 199710   297990 |   355230
125190   144630   164070| 210510   308790 |   356310+
126270   145710   165150| 221310   319590 |      360=
127350   146790*166230 | 232110   330390 |356670=
128430   147870 1673.10| 242910   341190 |=(τν_τ) .
129510   148950   168390| 253710   351990 |
130590   150030            | 264510+           |168390+360
131670   151110            |   1080=           |= 168750;
132750  *152190            |  265590           |1687.50
133830   153270            |                        |is N in{27}
134910   154350            |                        |p.125
135990   155430            |                        |(E.Segré).
137070   156510
```

Note:81.9 GeV $=\dfrac{W^++W^-}{2}$;92.7 GeV $=Z^0$; 90.3 GeV $=Z^0$ [found at the Linear Accelerator Center of Stan - ford (=S.L.A.C.)];126GeV=Higgs boson.

$126111.4=17.4e^{801.05(0.011096)}$ (p.41);

$126251.4=17.4\,e^{801.15(0.011096)}$.

Antisymmetric fundamental tensor[28]

A point characterized by its coordinates u_i' brings about the vector[2] $\vec{r} = u_1'\vec{i} + u_2'\vec{j} + u_3'\vec{k} + u_4'\vec{l}$ .Let's put

$$\begin{bmatrix} u_1' \\ u_2' \\ u_3' \\ u_4' \end{bmatrix} = \begin{vmatrix} f & -z & y & x \\ z & f & x & -y \\ -y & -x & f & -z \\ -x & y & z & f \end{vmatrix} \begin{bmatrix} u_1 \\ u_2 \\ u_3 \\ u_4 \end{bmatrix} \qquad |g_{ij}| = \begin{vmatrix} f & -z & y & x \\ z & f & x & -y \\ -y & -x & f & -z \\ -x & y & z & f \end{vmatrix}$$

where g_{ij} are the fundamental tensors' components.

$$\begin{bmatrix} u_1 \\ u_2 \\ u_3 \\ u_4 \end{bmatrix} = \frac{1}{a} \begin{vmatrix} f & z & -y & -x \\ -z & f & -x & y \\ y & x & f & z \\ x & -y & -z & f \end{vmatrix} \begin{vmatrix} u'_1 \\ u'_2 \\ u'_3 \\ u'_4 \end{vmatrix} =$$

$$\begin{vmatrix} -u'_4 & -u'_3 & u'_2 & u'_1 \\ -u'_3 & u'_4 & -u'_1 & u'_2 \\ u'_2 & u'_1 & u'_4 & u'_3 \\ u'_1 & -u'_2 & -u'_3 & u'_4 \end{vmatrix} \frac{1}{a} \begin{vmatrix} x \\ y \\ z \\ f \end{vmatrix}$$

$$a^2 = x^2 + y^2 + z^2 + f^2; \quad \frac{\partial \vec{r}}{\partial u_1} = f\vec{i} + z\vec{j} - y\vec{k} - x\vec{l} = \vec{e_1} = \begin{bmatrix} f \\ z \\ -y \\ -x \end{bmatrix},$$

$$\vec{e_2} = \begin{bmatrix} -z \\ f \\ -x \\ y \end{bmatrix} , \vec{e_3} = \begin{bmatrix} y \\ x \\ f \\ z \end{bmatrix} , \vec{e_4} = \begin{bmatrix} x \\ -y \\ -z \\ f \end{bmatrix} . \text{ Summarizing}$$

$$\begin{bmatrix} \vec{e}_1 \\ \vec{e}_2 \\ \vec{e}_3 \\ \vec{e}_4 \end{bmatrix} = \begin{bmatrix} f & z-y & -x \\ -z & f-x & y \\ y & x\ f & z \\ x & -y\ -z & f \end{bmatrix} \begin{bmatrix} \vec{i} \\ \vec{j} \\ \vec{k} \\ \vec{l} \end{bmatrix};$$

$$\begin{bmatrix} \vec{e}_1' \\ \vec{e}_2' \\ \vec{e}_3' \\ \vec{e}_4' \end{bmatrix} = \begin{bmatrix} \vec{i} \\ \vec{j} \\ \vec{k} \\ \vec{l} \end{bmatrix} = \frac{1}{a}\begin{vmatrix} f & -z & y & x \\ z & f & x & -y \\ -y & -x & f & -z \\ -x & y & z & f \end{vmatrix} \begin{bmatrix} \vec{e}_1 \\ \vec{e}_2 \\ \vec{e}_3 \\ \vec{e}_4 \end{bmatrix}$$

$<e^i|e_j> = g_{ij}$ .Note:

$$\dot{r} = \frac{dr}{dt} = \frac{\partial r}{\partial u_1}\dot{u}_1 + \frac{\partial r}{\partial u_2}\dot{u}_2 + \frac{\partial r}{\partial u_3}\dot{u}_3 + \frac{\partial r}{\partial u_4}\dot{u}_4$$
$$= e_i\dot{u}_i = e^j\dot{u}^j$$

$$e^j = e_j' \quad ;\text{dr}=e_i du_i = e^j du^j \quad ; \quad du_j = M_{nj}dx_n$$

$$ds^2 = dr(dr) = e^j du^j e_k du_k = g_{jk}du^j du_k$$

Antisymmetric connection (with f=0) $\Gamma_{ji}^{l} = \dfrac{\partial g_{lj}}{\partial x_i}$

Taking into account Einstein's expressions[29]

$$g_{ij,k} = \partial_k < e^i | e_j >= (\partial_k e^i) e_j + e^i (\partial_k e_j) =$$

$$- \Gamma_{mk}^{i} e^m e_j + e^i \Gamma_{jk}^{m} e_m = -g_{mj}\Gamma_{mk}^{i} + g_{im}\Gamma_{jk}^{m}$$

$$g_{ik,j} = -g_{mk}\Gamma_{mj}^{i} + g_{im}\Gamma_{kj}^{m}$$

$$g_{kj,i} = -g_{mj}\Gamma_{mi}^{k} + g_{km}\Gamma_{ji}^{m}$$

one finds $(g_{ij,k} + g_{kj,i} - g_{ik,j}) =$

$$=-g_{mj}(\Gamma_{mk}^{i} + \Gamma_{mi}^{k}) + g_{im}(\Gamma_{jk}^{m} - \Gamma_{kj}^{m}) + g_{km}(\Gamma_{ji}^{m} -$$
$$\Gamma_{mj}^{i}) = -2g_{mk}\Gamma_{ji}^{m} ; \quad \frac{1}{2}g^{\sigma k}(g_{ij,k} + g_{kj,i} - g_{ik,j}) =$$
$$-g^{\sigma k} g_{mk}\Gamma_{ji}^{m} = -\Gamma_{ji}^{\sigma}$$

But $g_{jk,i} = -g_{mk}\Gamma_{mi}^{j} + g_{jm}\Gamma_{ki}^{m}$ $\qquad g_{ki,j} = -g_{mi}\Gamma_{mj}^{k} + g_{km}\Gamma_{ij}^{m}$

and adding these two relations to $g_{ij,k}$ we have

$$g_{mj}\left(-\,\Gamma^{i}_{mk} - \Gamma^{m}_{ki}\right) + g_{im}\left(\Gamma^{m}_{jk} + \Gamma^{k}_{mj}\right) + g_{mk}\left(-\Gamma^{j}_{mi} - \Gamma^{m}_{ij}\right) = 0 \;\;\Rightarrow\; g_{ij,k} = -g_{jk,i} - g_{ki,j} \text{ and } -\Gamma^{\sigma}_{ji} =$$

$$\tfrac{1}{2}g^{\sigma k}\left(-g_{jk,i} - g_{ki,j} + g_{kj,i} - g_{ik,j}\right) = -g^{\sigma k}g_{jk,i}$$

Then,one obtains

$$g_{\sigma l}\Gamma^{\sigma}_{ji} = \Gamma^{l}_{ji} = g_{\sigma l}g^{\sigma k}g_{jk,l} = -g_{jl,i} = g_{lj,i}$$

Practical application:gravitation

We shall use,with f=0 $\qquad \lVert g_{ij} \rVert =$

$$\begin{bmatrix} f^3 & -z^3 & y^3 & x^3 \\ z^3 & f^3 & x^3 & -y^3 \\ -y^3 & -x^3 & f^3 & -z^3 \\ -x^3 & y^3 & z^3 & f^3 \end{bmatrix} \qquad \Gamma^{l}_{ji} = \frac{\partial g_{lj}}{\partial x_i}$$

$$R_{\mu\nu} = -\frac{\partial \Gamma^{\alpha}_{\mu\nu}}{\partial x_{\alpha}} + \frac{\partial \Gamma^{\alpha}_{\mu\alpha}}{\partial x_{\nu}} + \Gamma^{\alpha}_{\mu\beta}\Gamma^{\beta}_{\nu\alpha} - \Gamma^{\alpha}_{\mu\nu}\Gamma^{\beta}_{\alpha\beta} \;\;.\text{For } R_{11} \;:$$

$$\frac{\partial \Gamma^{\alpha}_{11}}{\partial x_{\alpha}} = \frac{\partial \Gamma^{1}_{11}}{\partial x} + \frac{\partial \Gamma^{2}_{11}}{\partial y} + \frac{\partial \Gamma^{3}_{11}}{\partial z} + \frac{\partial \Gamma^{4}_{11}}{\partial f} = 0;$$

$$\frac{\partial \Gamma^{\alpha}_{1\alpha}}{\partial x} = \frac{\partial}{\partial x}(\Gamma^{1}_{11} + \Gamma^{2}_{12} + \Gamma^{3}_{13} + \Gamma^{4}_{14}) = 0$$

$$\Gamma^{\alpha}_{1\beta}\Gamma^{\beta}_{1\alpha} = \Gamma^{1}_{14}\Gamma^{4}_{11} + \Gamma^{2}_{13}\Gamma^{3}_{12} + \Gamma^{3}_{12}\Gamma^{2}_{13} + \Gamma^{4}_{11}\Gamma^{1}_{14} =$$

$$= 2(3x^2)(-3x^2) - 18y^2 z^2$$

$$\Gamma^{\alpha}_{11}\Gamma^{\beta}_{\alpha\beta} = \Gamma^{4}_{11}\Gamma^{\beta}_{4\beta} = (-3x^2)(\Gamma^{1}_{41} + \Gamma^{2}_{42} + \Gamma^{3}_{43} + \Gamma^{4}_{44}) =$$

$$= -3x^2(3x^2 - 3y^2 - 3z^2)$$

Thus $R_{11}=-18(x^4+y^2z^2)+9x^2(x^2-y^2-z^2)=0$
$$\Rightarrow z^2(x^2+2y^2)=-x^2(x^2+y^2) \ .$$

With R_{22}: $\quad \Gamma^\alpha_{2\beta}\Gamma^\beta_{2\alpha}=\Gamma^1_{23}\Gamma^3_{21}+\Gamma^2_{24}\Gamma^4_{22}+\Gamma^3_{21}\Gamma^1_{23}+\Gamma^4_{22}\Gamma^2_{24}=$

$$=-3z^2(-3x^2)+(-3x^2)(-3z^2)=-18x^2z^2$$

$$\Gamma^\alpha_{22}\Gamma^\beta_{\alpha\beta}=\Gamma^4_{22}\Gamma^\beta_{4\beta}=(3y^2)(3x^2-3y^2-3z^2)$$

$$0=R_{22} \quad \text{or} \quad 0=18x^2z^2-9y^2(x^2-y^2-z^2) \quad \Rightarrow$$
$$z^2(2x^2+y^2)=y^2(x^2-y^2)$$

and one has to solve

$$\frac{x^2+2y^2}{2x^2+y^2}=\frac{-x^2(x^2+y^2)}{y^2(x^2-y^2)} \quad \frac{1+2tan^2\varphi}{2+tan^2\varphi}=\frac{1+tan^2\varphi}{tan^2\varphi(tan^2\varphi-1)} \quad \frac{y}{x}=$$
$$tan\varphi$$

$$tan^6\varphi-1=tan^2\varphi(tan^2\varphi+2)$$

or $\quad w^3-w^2-2w-1=0; \ tan^2\varphi=w \ .$

The standard procedure[31] suggests $\quad w=t+\dfrac{k}{t}$, and choosing $3\dfrac{k}{t}=1$,

$$t^3-\frac{8}{3}t-\frac{47}{27}=0 \quad w=t+\frac{1}{3} \quad .$$

By comparison with $s^3+ps+q=0$ whose soluti̱ons are

$$S_1=\frac{A^{1/3}+B^{1/3}}{3} \quad ,S_2=\frac{rA^{1/3}+r^2B^{1/3}}{3} \quad ,S_3=\frac{r^2A^{1/3}+rB^{1/3}}{3} \quad ,$$

where

$$r=\frac{-1+i\sqrt{3}}{2} \qquad r^2=\frac{-(1+i\sqrt{3})}{2} \qquad r^3=1$$

$$A=\frac{-27q+i3\sqrt{3}\sqrt{-(27q^2+4p^3)}}{2} \qquad B=-\frac{3p}{A^{1/3}} \quad (A+B=27q\ ;$$

$AB=-27p^3)$,

one obtains $\sqrt{27(-\frac{47}{27})^2+4(-\frac{8}{3})^3}=2.441917883$

$$A=\frac{47-12.68857752}{2}\ ;\quad t=\frac{A^{1/3}+B^{1/3}}{3}=s_1\ ,w=t+\frac{1}{3}\ .$$

$$B^{1/3}=\frac{8}{A^{1/3}}=3.101847278\ ,\ A^{1/3}=2.579108281$$

$$w=tan^2\varphi=6.014288893\ ,$$

$$\varphi=\pm67.81618077\ ,\quad (+\varphi-180)=-112.1838192\ .$$

Table: 67.8....-n180   .

-112	1192	2271	E 3351	4431	5691	6771
292	1372	2451	3531	E 4791	5871	E 6951
472	1552	2631	3711	4971	6051	
652 B 1731	2811	3891	G 5151	6231		
832	1911	2991	4071	5331	6411	
1012	2091	3171	4251	5511	E 6591	

Then it's convenient to change scale(p.49):
$w=tan^2 2\varphi \Rightarrow (2\varphi-180)=-112.1838192;$

$$2\varphi = \pm 67.8 .. \pm k180 \Rightarrow \varphi = 33.908 + k90$$

```
  33  2373    4623    6243   8673  11103   13983  20553
 123  2553  E48.03    6873   8853  11283  14883+ 20733
 270 G26.43   4893  E69.63   8943  11373     900  20823
 393  2733    4983    7053   9033  11463   15783  20913
 483  2823  B50.28    7143   9123  11553   15873ET210.03
 573  2913    5073    7233   9213  11643 BT 159.18
 663  3003  G51.63    7323   9303    900   15963
 753  3093    5253    7413   9383  12543   16053+
 843  3183    5343    7503   9573     90     900=
 933  3273    5433    7548   9663  12633   16953
1023E33.63    5523    7593   9753  12723   17043
1113  3453    5613    7683   9843  12813   17133
1203  3543    5703    7773 B 99.3  12903   17223
1293  3633    5793    7863  10023 K129.9B K 17313+
1383  3723    5883    7953  10113  13083     900=
1473  3813    5973 K79.98  10203  13173   18213
1563  3903    6063    8043  10293  13263   19113
1653  3993    6153    8133  10383 E133.53  20013
1743  4083    6243    8223  10473  13443   20103
1833  4173    6333    8313  10563  13533 C 201.48
1923  4263    6423 SC83.56  10653  13623   20193
2013 B43.53 AB65.13BE84.03  10743  13713 CE202.38
2103  4443  E66.03    8448  10833  13803   20283
2193  4533    6693    8493  10923  13893   20373
2283GS45.78   6783    8583  11013SK139.83   20463
```

Note:11643+90=11733,d=distance(mm.)=99.64595$e^{k0.036806}$;

if k=4.1$\Rightarrow$d$\cong$**GK11587**;m.v.=**115.98**

Mean values(=m.v.): $\frac{6783+68073}{2}$=GB 68.28mm. ,

$\frac{117.33+118.23}{2}$=GC 117.78$\cong$117.6 , $\frac{6063+6153}{2}$=G 61.08

Derivative of ypercharge and Black Holes

If $Y=\begin{vmatrix} 0 & -x & -y & -z \\ x & 0 & z & y \\ y & -z & 0 & -x \\ -z & -y & x & 0 \end{vmatrix}$ $|g|=\begin{vmatrix} 0 & -z & y & x \\ z & 0 & x & -y \\ -y & x & x & -z \\ -x & y & z & 0 \end{vmatrix}$,

the covariant derivative

$$Y_{\mu v;\varrho} = \frac{\partial Y_{\mu v}}{\partial x_\varrho} - \Gamma^\alpha_{\mu\varrho} Y_{\alpha v} - \Gamma^\alpha_{v\varrho} Y_{\mu\alpha}$$

with $\Gamma^i_{jk} = g_{ij,k} = \frac{\partial g_{ij}}{\partial x_k}$ yields

$$Y_{\mu v;z}=\begin{vmatrix} 0 & 0 & 0 & -(2y+1) \\ 0 & 0 & -2y+1 & 1 \\ 2z & 2y-1 & 0 & 0 \\ 2y-1 & -2z & 0 & 0 \end{vmatrix}$$

In practice:

$$Y_{\mu v;y}=\begin{vmatrix} 0 & 0 & -1 & -1 \\ 2z & 0 & -1 & 1 \\ 1 & 1 & 0 & 0 \\ 1 & -1 & 2z & 0 \end{vmatrix} \quad Y_{\mu v;z}=\begin{vmatrix} 0 & 0 & 0 & -3 \\ 0 & 0 & -1 & 0 \\ 1 & 1 & 0 & 0 \\ 1 & -1 & 0 & 0 \end{vmatrix}$$

The eigenvalues λ for $Y_{\mu v;y}$ and $Y_{\mu v;z}$ are respectively given by

$$\lambda^2 = 2(-1 \pm iz) = \varrho_1 e^{\pm i\varphi_1} \quad ; \lambda^2=-2\pm i\sqrt{2} = \varrho_2 e^{\pm i\varphi_2}$$

After a scale's change,in the first case we use $(-1 \pm i)$.

Traces $T=\sqrt[4]{2}(2\cos\frac{\varphi_1}{2})$; $\sqrt[4]{6}(2\cos\frac{\varphi_2}{2}) = 2.983115735$; $\frac{\varphi_1}{2}=22°.5$.

  Black Holes: significant figures (**For p.33**)
$nT=n\sqrt[4]{2}(2\cos22°.5) = n2.197368227$

Distances(mm.) **from.G**:
12.1T= 26.5881(Andromeda galaxy,p.36 too),
20.85T= 45.815(galaxy),
34.35T= 75.479(galaxy),   27.75T=60.97 ,
52.75T=115911,
53.5T=117.55,   54.75T= 120.30,   23.5T=51.63 .
Distances **from B**: 22.7T=49.990, 72.36T=159.001 ,
78.75T=173.04 .
Distances **from K** :
36.36T=79.89 ,   36.5T=80.20 ,   59.25T=130.19 ,
63.8T=140.19 ;

For p.12:
26T=57.3 ,27T=59.32 ,5.65T=34.388 ,37.65T=82.73 ,
41.65T=91.52,
22.54T=49.52

Eigenvalues of $Y_{\mu\nu;z}$

For simplicity $\quad Y_{\mu\nu;z}=(2y\text{-}1)\begin{vmatrix} 0 & 0 & 0 & H \\ 0 & 0 & -1 & 0 \\ F & 1 & 0 & 0 \\ 1 & -F & 0 & 0 \end{vmatrix}$

With $F=\dfrac{2z}{2y-1}$; $H=-\dfrac{2y+1}{2y-1}$ .The null determinant for the eigenvalues λ is

$$\begin{bmatrix} -\lambda & 0 & 0 & H \\ 0 & -\lambda & -1 & 0 \\ F & 1 & -\lambda & 0 \\ 1 & -F & 0 & 0 \end{bmatrix}\text{and one has}$$

$$\lambda^4 - (H-1)\lambda^2 - H(F^2+1) = 0$$

$$\lambda^2 = \frac{1}{2}\left\{(H-1) \pm (H+1)\sqrt{1+4H\frac{F^2}{(H+1)^2}}\right\},$$

$$\text{H-1}=-\frac{4y}{2y-1} \; ; \text{H+1}= -\frac{2}{2y-1} \quad ,\frac{F}{H+1} = -z \; ;$$

$$\lambda^2 = -\frac{2}{2y-1}\left(2y \pm \sqrt{1-\frac{2y+1}{2y-1}\,4z^2}\;\right)$$

Exercise: Evaluate $Y_{\mu v;\varrho}$ if $\|g\| =$

$$\frac{1}{2}\begin{bmatrix} 0 & z & -y & -x \\ -z & 0 & x & y \\ y & x & 0 & z \\ x & -y & -z & 0 \end{bmatrix}$$

Appendix

Icosahedron's vertices[32]

W=center of MPS.

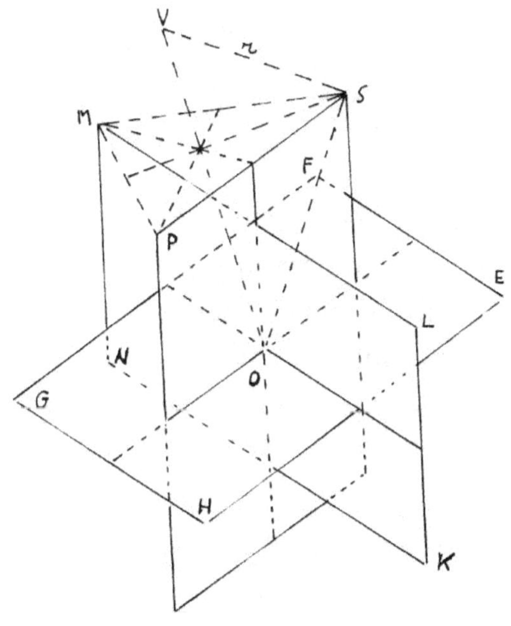

Fig.19-LM=u=102mm.KL=v;$u^2 - v^2$=uv;

WS=$\frac{2}{3}\left(\frac{\sqrt{3}}{2}v\right)$. The vertices belong to a sphere whose radius is OV.

For the similitude of the triangles   OVS and OWS

$$\begin{cases} \dfrac{OV}{r} = \dfrac{OS}{WS} \\ OV^2 - r^2 = OS^2 \end{cases} ; \dfrac{OV^2}{r^2} = \dfrac{OS^2}{WS^2} = \dfrac{3OS^2}{v^2} \Rightarrow r^2 = \dfrac{v^2 OS^2}{3OS^2 - v^2}$$

and $OV = r\dfrac{OS}{WS} = \dfrac{\sqrt{3OS^2}}{\sqrt{3OS^2 - v^2}}$.

$Q(\frac{v}{2}, 0, -\frac{u}{2})$ $R(\frac{-v}{2}, 0, -\frac{u}{2})$

$P(\frac{v}{2}, 0, \frac{u}{2})$ $S(-\frac{v}{2}, 0, \frac{u}{2})$ $M(0, \frac{-u}{2}, \frac{v}{2})$

$L(0, \frac{u}{2}, \frac{v}{2})$ $N(0, \frac{-u}{2}, \frac{-v}{2})$ $K(0, \frac{u}{2}, \frac{-v}{2})$

$E(\frac{-u}{2}, \frac{v}{2}, 0)$ $F(\frac{-u}{2}, \frac{-v}{2}, 0)$ $G(\frac{u}{2}, \frac{-v}{2}, 0)$ $H(\frac{u}{2}, \frac{v}{2}, 0)$

$PS = GH = LK = v$ $, OS = \frac{1}{2}\sqrt{u^2 + v^2}$, $WS = \frac{2}{3}\left(\frac{\sqrt{3}}{2} v\right),$

$v = r(1.37638192).$

Once the points HPG LHP HKL PSL GHQ HQK LKE GMP PMS and their symmetric as respect to O have been plotted, simple connections are needed to draw all the pentagons.

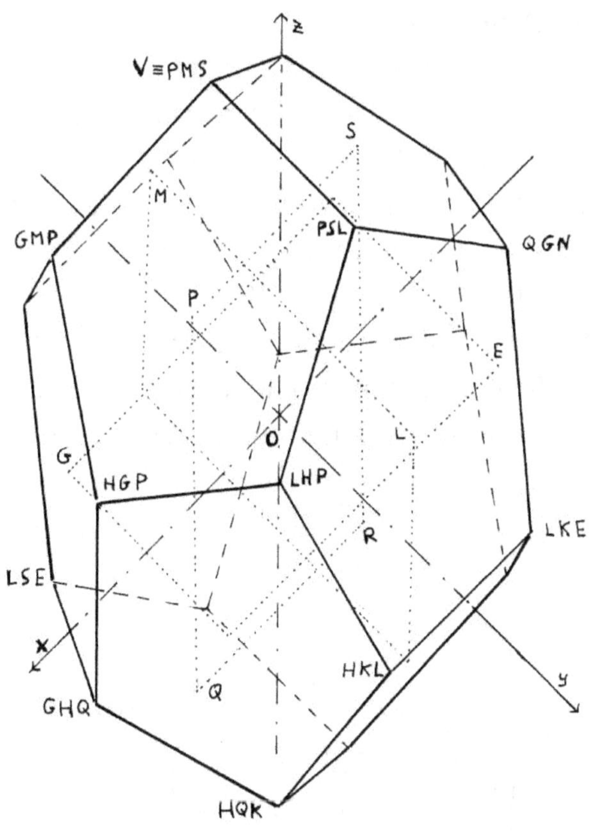

Fig.20-LM=102mm.;OV=75.44674802;
HLP(43.5;43.5;43.5).
Compare this dodecahedron with the cover of the
Weekly Publication SPAZIO - Milano(Italy)-Hobby &
Work Publishing Company-Srl-n.21(2013). -

Dodecahedron's vertices

All the vertices belong to a sphere ; its radius is OV (fig.20).The vertices for the associated icosahedron are the corners of three equal rectangles intersec - ting each other at their middles. For one of them, u - and v are its sides ,with $u^2 - v^2 = uv$. In the evaluations , u=102mm;KL=v (fig.19;p.53).

To distinguish different vertices it's convenient to write V = PMS for clarity.The cartesian coordinates sought for V and the remaining vertices stem simply.

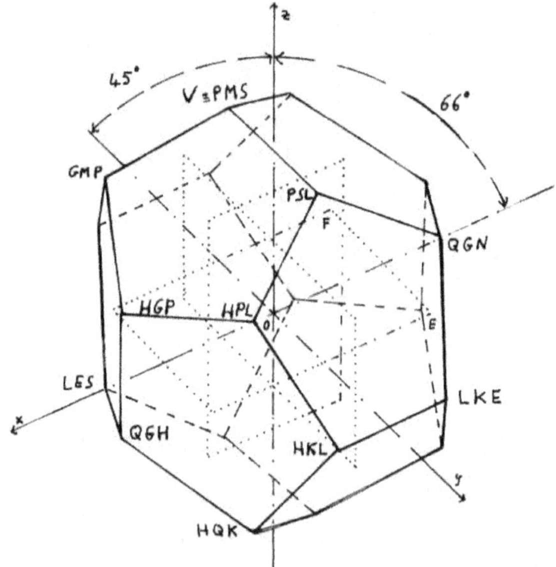

Fig.21-FE=v=40mm.;OV=47.55367376

1) PMS=V . If (x_0, y_0, z_0) is the geometric center for PMS ,by inspection

$$\tan\varphi = \tan \widehat{LMV} = \frac{\frac{u}{2}-\frac{v}{2}}{\frac{u}{2}} \Rightarrow \varphi = 20°.90515745,$$

$$x_0 = x = 0, \; -y_0 = \frac{1}{3}\left(\frac{\sqrt{3}}{2}v\right)\cos\varphi, \; z_0 = \frac{v}{2}+\frac{2}{3}(\frac{\sqrt{3}}{2}v)\sin\varphi$$

where u=102mm.

v=63.03946685 .The straight line $\dfrac{y+y_0}{-y_0} = \dfrac{z-z_0}{z_à}$

intersects the sphere;

$$\text{hence } \begin{cases} x^2 + y^2 + z^2 = OV^2 & \text{with } x = 0 \\ z = -\dfrac{z_0}{y_0}y \end{cases} \Rightarrow$$

$$|y| = \frac{OV}{\sqrt{1+(\frac{z_0}{y_0})^2}}$$

OV=75.44674802 ,   y=26.9106631.The vertex is cha -
racterized by

x=0 , y$\cong$ 26.9 ,z$\cong$ 70.4   .

2) PSL : x=0   y$\cong -26.9$ z$\cong$ 70.4

3)Point   HPG

Now $\tan\varphi_1 = \dfrac{\frac{u}{2}}{\frac{u}{2}-\frac{v}{2}}$; $\varphi_1 = 69°.09484255$

$y_0 = 0$, $x_0 = \frac{2}{3}(\frac{\sqrt{3}}{2}v)\cos\varphi_1 + \frac{v}{2}$ =44.50657727 ; $z_0 = $
$\frac{1}{3}\left(\frac{\sqrt{3}}{2}v\right)\sin\varphi_1 =$ =17.00982062 ,where x_0, y_0, z_0 refer

to the geometric center in the triangle HPG.The connection of this center with axes' origin is

$$\frac{x-x_0}{x_0} = \frac{z-z_0}{z_0} \text{ and } x^2 + y^2 + z^2 = OV^2 \ ,$$

$y=y_0 = 0$ .One finds x=OV/$[1+[1 + (\frac{z_0}{x_0})^2]^{1/2} \cong 70.4$

$z \cong 26.9$ -

4)GHQ :   x=$x_0 \cong 70.4$ $y = y_0 = 0$ $z \cong -26.9$

5)For   HKL, $\tan\varphi_2 = \dfrac{\frac{u}{2}-\frac{v}{2}}{\frac{u}{2}}$;$\Rightarrow \varphi_2 = 20°.9051574$

$z_0 = 0$, $y_0 = \dfrac{v}{2}+\dfrac{2}{3}(\dfrac{\sqrt{3}}{2} v)\sin\varphi_2 = 44.50657781$

$x_0 = \dfrac{1}{3}\left(\dfrac{\sqrt{3}}{2} v\right)\cos\varphi_2 \cong 17$;line at hand , $\dfrac{x-x_0}{x_0} = \dfrac{y-y_0}{y_0}$,

thus the vertex is solution

of $\begin{cases} y = \dfrac{y_0 x}{x_0} \\ x^2 + y^2 + z^2 = OV^2 \quad \text{where } z = 0 \Rightarrow \end{cases}$

x=OV/$[1 + (\frac{y_0}{x_0})^2]^{1/2} \cong 26.9$; $y \cong 70.4$

6)   LKE   : by comparison with the former point HKL, x$\cong 26.9$ y$\cong 70.4$ z=0

....

For the remaining triangles HLP   HQK   QGN   LES one must write the equations for the planes ax+by+cz= -d, and the normals to these are known through the angles αβΥ with

$$\cos\alpha=\frac{a}{\sqrt{a^2+b^2+c^2}} \quad \cos\beta=\frac{b}{\sqrt{a^2+b^2+c^2}} \quad \cos\Upsilon=\frac{c}{\sqrt{a^2+b^2+c^2}}$$

7) The points $H(0,\frac{u}{2},\frac{v}{2})$ $L(\frac{u}{2},\frac{v}{2},0)$ $P(\frac{v}{2},0,\frac{u}{2})$ belong to the plane HLP. By substitution of such coordinates in the general equation just written for planes above,

$$\frac{u}{2}b+\frac{v}{2}c=-d$$

$$\frac{u}{2}a+\frac{v}{2}b = -d \quad \Delta=\begin{vmatrix} 0 & \frac{u}{2} & \frac{v}{2} \\ \frac{u}{2} & \frac{v}{2} & 0 \\ \frac{v}{2} & 0 & \frac{u}{2} \end{vmatrix} \quad a=\frac{1}{\Delta}\begin{vmatrix} -d & \frac{u}{2} & \frac{v}{2} \\ -d & \frac{v}{2} & 0 \\ -d & 0 & \frac{u}{2} \end{vmatrix}$$

$$\frac{v}{2}a+ \quad +\frac{u}{2}c=-d$$

$$a=\frac{-4v^2 d}{u^3+v^3} \quad ,b=a \quad ,c=a ; \quad \sqrt{a^2+b^2+c^2}=\sqrt{3}\,a$$

If one puts $\dfrac{x-x_0}{-x_0}=\dfrac{y-y_0}{-y_0}=\dfrac{z-z_0}{-z_0}=f$, the sought ver-

tex is given by

$$\begin{cases} x=(f+1)x_0 \,, y=(f+1)y_0 \,, z=(f+1)z_0 \\ x^2+y^2+z^2=OV^2 \end{cases} \Rightarrow (f+1)=$$

$$=\frac{OV}{\sqrt{(x_0)^2+(y_0)^2+(z_0)^2}} \text{ where } [(x_0)^2+(y_0)^2+(z_0)^2]^{1/2}$$

is the distance of (x_0,y_0,z_0) from axes' origin.

Solution: $x=OV\dfrac{x_0}{\sqrt{(x_0)^2+(y_0)^2+(z_0)^2}}=OV\cos\alpha$; $y=OV$

$\cos\beta$, $z=OV\cos\Upsilon$

Then, $x=y=z=OV/\sqrt{3} \cong 43.5$

8) GMP : by inspection $x=z=OV/\sqrt{3}$ $\quad y=-\dfrac{OV}{\sqrt{3}}$

9) Analogously the points $H(\frac{u}{2},\frac{v}{2},0)$ $Q(\frac{v}{2},0,\frac{-u}{2})$ $K(0,\frac{u}{2},\frac{-v}{2})$ lead to

b=a, c= - a , $\sqrt{a^2 + b^2 + c^2} = \sqrt{3}\, a$;

x=y$\cong$ 43.5 ,z $\cong$ −43.5

10)For the other triangle QGN, whose vertices are

$Q(\frac{v}{2},0,\frac{-u}{2})$ $G(\frac{u}{2},\frac{-v}{2},0)$ $N(0.\frac{-u}{2},\frac{-v}{2})$,

one gets b= - a ,c=-a , $\sqrt{a^2 + b^2 + c^2} = \sqrt{3}\, a$,

y=z$\cong$ 43.5 ,   x=$\cong$ −43.5

11)Finally, the remaining data $L(0,\frac{u}{2},\frac{v}{2})$ $E(\frac{u}{2},\frac{v}{2},0)$ $S(\frac{v}{2},0,\frac{u}{2})$

yield   b= - a ,c= - a ,   y=z= - 43.5;   x=43

Saddle and its surface

The eigenvalues w in the null determinant

$$\begin{vmatrix} c - w & g \\ a & b - w \end{vmatrix}$$ satisfy the equation

$w^2 - (b + c)w = ag - bc$;hence from the system [35]

$\dot{x} = cx + gy \quad \dot{y} = ax + by \Rightarrow$

$$\ddot{x} = c\dot{x} + g\dot{y} = c\dot{x} + g(ax + by) =$$

$c\dot{x} + g[ax + b(\dot{x}\text{-cx/g})]$ or

$\ddot{x} = \dot{x}(b + c) = x(ag - bc)$ and x=$C_1 e^{w_1 t} + C_2 e^{w_2 t}$.

Analogously $\ddot{y} = \dot{y}(b + c) = y(ag - bc)$;

y=$C_1 e^{W_1 t} + C_2 e^{W_2 t}$

With the system y=$C_1 e^{W_1 t}+C_2 e^{W_2 t}$ [$\Rightarrow$ $C_2 e^{W_2 t}$=y$-C_1 e^{W_1 t}$]

x=$\frac{1}{c}(\dot{x} - gy) = \frac{1}{c}[C_1 e^{W_1 t}(w_1\text{-g})+C_2 e^{W_2 t}(w_2\text{-g})]$

[$\Rightarrow(w_2 - g)C_2 e^{W_2 t}=$

=$(w_2 - g)(y - C_1 e^{W_1 t})$]=cx-$C_1 e^{W_1 t}(w_1 - g)]$

one obtains $e^{W_1 t} = [y(w_2 - g) - cx]/C_1(w_2 - w_1)$

$$e^{W_2 t} = [-y(w_1 - g) - cx]/C_2(w_2 - w_1) \qquad (D)$$

By squaring the expressions of x and y ,

$x^2 - y^2$=$C_2^2 e^{2w_2 t}[\frac{1}{c^2}(w_2 - g)^2\text{ -1}]+C_1^2 e^{2w_1 t}[\frac{1}{c^2}(w_1 +$

$-g)^2\text{-1}]+2C_1 C_2 e^{(w_1+w_2)t}[\frac{1}{c^2}(w_1 - g)(w_2 - g) - 1]$

After the substitution in this formula of the equalities (D) and a reordering,one gets the surface. Example,if

$$\begin{vmatrix} c & g \\ a & b \end{vmatrix} = \begin{vmatrix} 1 + \frac{3\lambda_2}{2\sin(\frac{360}{7})} & -1 + \frac{3\lambda_2}{2\sin(\frac{360}{7})} \\ -2 & -2 \end{vmatrix} =$$

$$\begin{vmatrix} -0.91857212 & -2.918572012 \\ -2 & -2 \end{vmatrix}$$

λ_2=-1, $w_1 = -3.935071869; w_2 = 1.01649859$

For the surface we find 2.210943637 $x^2 - y^2 =$ $-3.026770372\, xy$. In the space one writes[36]   -3.026770372 xy =2.210943637 z^2 .

Another fundamental tensor

By the introduction of

$$\|g_{\mu\nu}\| = \begin{bmatrix} 0 & z^3 & -y^3 & -x^3 \\ -z^3 & 0 & -x^3 & y^3 \\ y^3 & x^3 & 0 & z^3 \\ x^3 & -y^3 & -z^3 & 0 \end{bmatrix},$$

again $R_{\mu\nu} = \Gamma_{\mu\beta}^{\alpha}\Gamma_{\nu\alpha}^{\beta} - \Gamma_{\mu\nu}^{\alpha}\Gamma_{\alpha\beta}^{\beta}$.

Evaluations for R_{11} :

$$\Gamma_{1\beta}^{\alpha}\Gamma_{1\alpha}^{\beta} = \Gamma_{1\beta}^{1}\Gamma_{11}^{\beta} + \Gamma_{1\beta}^{2}\Gamma_{12}^{\beta} + \Gamma_{1\beta}^{3}\Gamma_{13}^{\beta} + \Gamma_{1\beta}^{4}\Gamma_{14}^{\beta} =$$

$$= \Gamma_{14}^{1}\Gamma_{11}^{4} + (\Gamma_{13}^{2}\Gamma_{12}^{3} + \Gamma_{12}^{3}\Gamma_{13}^{2}) + \Gamma_{11}^{4}\Gamma_{44}^{1} =$$

$$= 2(-3z^2)(3y^2)$$

$$\Gamma_{11}^{\alpha}\Gamma_{\alpha\beta}^{\beta} = \Gamma_{11}^{4}\Gamma_{4\beta}^{\beta} = 3x^2(-3x^2 + 3y^2 + 3z^2); \text{ thus}$$

$R_{11} = 0$ yields

$-18y^2z^2 = 9(-x^4 + x^2y^2 + x^2z^2)$ or

$z^2(2y^2 + x^2) = x^2(x^2 - y^2)$. Likewise for R_{22} :

$$\Gamma_{2\beta}^{1}\Gamma_{21}^{\beta} + \Gamma_{2\beta}^{2}\Gamma_{22}^{\beta} + \Gamma_{2\beta}^{3}\Gamma_{23}^{\beta} + \Gamma_{2\beta}^{4}\Gamma_{24}^{\beta} =$$

$$= \Gamma_{23}^{1}\Gamma_{21}^{3} + \Gamma_{24}^{3}\Gamma_{22}^{4} + \Gamma_{21}^{3}\Gamma_{23}^{1} + \Gamma_{22}^{4}\Gamma_{24}^{2} =$$

$$= 3z^2(3x^2) + 3x^2(3z^2)$$

$$\Gamma_{22}^{\alpha}\Gamma_{\alpha\beta}^{\beta} = \Gamma_{22}^{4}\Gamma_{4\beta}^{\beta} = -3y^2(-3x^2 + 3y^2 + 3z^2) =$$

$$= 9(x^2y^2 - y^4 - y^2z^2)$$

$R_{22} = 18x^2z^2 - 9(x^2y^2 - y^4 - y^2z^2) = 0 \quad \Rightarrow$

$z^2(2x^2 + y^2) = y^2(x^2 - y^2)$ and one finds the

ratio

$$\frac{z^2(2y^2+x^2)}{z^2(2x^2+y^2)} = \frac{x^2(x^2-y^2)}{y^2(x^2-y^2)} \quad \text{transformed to}$$

$$\frac{2\tan^2\varphi+1}{2+\tan^2\varphi} = \frac{1}{\tan^2\varphi} \quad \text{or}$$

$2\tan^4\varphi = 2$; $\frac{y}{x} = \tan\varphi$. The solution $\tan\varphi=1$ was known beforehand (p.39).If in $\left\|g_{\mu\nu}\right\|$ one changes all the cubes with squared variables the solution is $2\tan^2\varphi = 2$.

Saddle point[37] $\zeta=\frac{1}{2}$

Let's consider $\zeta=\frac{z}{w}$ and

$$I(w)=\int_0^\infty e^{-z}z^w\,dz = w^{w+1}\int(d\zeta)e^{-w\zeta}\zeta^w \quad (1)$$

The saddle point is found with $\frac{df}{d\zeta} = \frac{1}{\zeta} - 2 = 0$, where

$f(\zeta)=\ln\zeta - 2\zeta$:

$$f(\tfrac{1}{2}) = \ln\frac{1}{2} - 1 \quad .$$

$\tau^2 = f(\tfrac{1}{2})\text{-}f(\zeta) \cong f\left(\tfrac{1}{2}\right) - \left[f(\tfrac{1}{2})+\tfrac{1}{2}(-4)\left(\zeta-\tfrac{1}{2}\right)^2\right]$ because

$\frac{d^2f}{d\zeta^2} = \left\{\frac{1}{\zeta^2}\right\} = -4$ at $\zeta=\frac{1}{2}$. Moreover $\tau=\sqrt{2}\left(\zeta-\tfrac{1}{2}\right)$,

$d\zeta=\sqrt{2}\frac{d\tau}{2}$,

$e^{w(\ln\zeta-2\zeta)} = e^{-2w\zeta}\zeta^w$;then $\int e^{wf(\zeta)}d\zeta =$

$\int e^{-2w\zeta}\zeta^w\,d\zeta = \frac{1}{2^w}\int e^{-2w\zeta}(2\zeta)^w\frac{1}{2}d(2\zeta)$

Recalling the equality (1) ,

$$I(w)=w^{w+1}\int e^{-2w\zeta}(2\zeta)^w d(2\zeta)=$$

$$(2w)^{w+1}\int e^{wf(\zeta)}d\zeta=$$

$$=(2w)^{w+1}\int e^{w[f(\frac{1}{2}-\tau^2)]}\sqrt{2}\,\frac{d\tau}{2}=$$

$$(2w)^{w+1}e^{w[ln\frac{1}{2}-1]}\frac{\sqrt{2}}{2}\sqrt{\frac{\pi}{w}}$$

Saddle point at $\zeta = 2$

The distance from the saddle point is

$$I(w)=\int_0^\infty e^{-z}z^w dz$$

Let's put

$$z=\frac{w\zeta}{2},\text{then}\quad I(w)=\int e^{-w\frac{\zeta}{2}}(w\zeta/2)^w\, wd\frac{\zeta}{2}=$$

$$w^{w+1}\int e^{-w\frac{\zeta}{2}}(\zeta/2)^w\, d\frac{\zeta}{2}$$

$$\text{If } f(\zeta)=\ln\frac{\zeta}{2}-\frac{\zeta}{2},\qquad e^{wf(\zeta)}=e^{w\frac{\zeta}{2}}(\zeta/2)^w.$$

$$I(w)=w^{w+1}\int e^{wf\left(\frac{\zeta}{2}\right)}d\frac{\zeta}{2}$$

To find the steepest descent from the saddle point one writes

$$f(\tfrac{\zeta}{2})=f(z_0)-\tau^2\quad;\tau^2=-f\left(\tfrac{\zeta}{2}\right)+f(z_0)$$

where z_0 is the saddle point. For the Taylor formula

$$f(\tfrac{\zeta}{2})\cong f(z_0)+\left(\tfrac{\zeta}{2}-z_0\right)[\frac{df}{d\left(\frac{\zeta}{2}\right)}]_\circ +\tfrac{1}{2}(\tfrac{\zeta}{2}-z_0)^2\,\frac{d^2f}{(d\frac{\zeta}{2})^2}$$

But $\frac{df}{d\frac{\zeta}{2}} = \frac{1}{\frac{\zeta}{2}} - 1 = 0; \frac{d^2f}{(d\frac{\zeta}{2})^2} = \{-1/(\zeta/2)^2\}_0 = -1$ at $\zeta=2$

$\tau^2 = -1 - \left(ln\frac{\zeta}{2} - \frac{\zeta}{2}\right) = \left(\frac{\zeta}{2} - 1\right) - \ln\frac{\zeta}{2} =$

$(\frac{\zeta}{2} - 1) - [\left(\frac{\zeta}{2} - 1\right) + \frac{1}{2}(-1)(\frac{\zeta}{2} - 1)^2]$

$\Rightarrow \tau = \frac{1}{\sqrt{2}}(\frac{\zeta}{2} - 1).$ As a result

$I(w) = w^{w+1} \int e^{w\left[f\left(\frac{\zeta}{2}\right)_0 - \tau^2\right]} d\frac{\zeta}{2} =$

$= w^{w+1} e^{wf(\frac{\zeta}{2})_0} \int e^{-w\tau^2} \sqrt{2} d\tau = w^{w+1} e^{-w} \sqrt{2}\sqrt{\frac{\pi}{w}}$.

H_3, the symmetry group[38] of the icosahedron

This group is characterized by

$$r^5 = s^3 = (rs)^2 = I \quad \text{where}$$

$$s = \begin{bmatrix} 0 & -1 & 0 & 0 & 0 & 0 \\ 0 & 0 & -1 & 0 & 0 & 0 \\ 1 & 0 & 0 & 0 & 0 & 0 \\ 0 & 0 & 0 & 0 & 0 & 1 \\ 0 & 0 & 0 & 1 & 0 & 0 \\ 0 & 0 & 0 & 0 & 1 & 0 \end{bmatrix} \quad r = \begin{bmatrix} 0 & 0 & 0 & 0 & 0 & 1 \\ 1 & 0 & 0 & 0 & 0 & 0 \\ 0 & 1 & 0 & 0 & 0 & 0 \\ 0 & 0 & 1 & 0 & 0 & 0 \\ 0 & 0 & 0 & 1 & 0 & 0 \\ 0 & 0 & 0 & 0 & 1 & 0 \end{bmatrix}$$

Let's use the following matrices for simplicity:

$$A = - \begin{vmatrix} e^{-i2\pi/5} & -\lambda \\ 0 & e^{-i2\pi/5} \end{vmatrix} \qquad B = \begin{vmatrix} 0 & -1 \\ 1 & 1 \end{vmatrix}$$

$$A^5 = -1 \,, B^3 = -1 \,, \quad (AB)^2 = -1 \qquad ; \lambda = e^{-i2\pi/5}$$

The trace of the matrix A is T=2cos72° = 0.618033989
and its multiples reveal the distances from the Black
Hole of fig.5(p.12):

55.75T=**34.45**; 78.5T=**48.51**; 80T=**49.44**;92.75T=**57.32**
; 96T=**59.33**;117.5T=**72.61**;133.75T=**82.66**;
148.05T=**91.4999** .

Note[39]
$$\begin{vmatrix} \varrho & -\lambda \\ 0 & \varrho^{-1} \end{vmatrix}^2 = \begin{vmatrix} \varrho^2 & -\lambda(\varrho + \varrho^{-1}) \\ 0 & \varrho^{-1} \end{vmatrix} = \begin{vmatrix} \varrho^2 & -\lambda \dfrac{\varrho^2 - \varrho^{-2}}{\varrho - \varrho^{-1}} \\ 0 & \varrho^{-2} \end{vmatrix} ;$$

$$\begin{vmatrix} \varrho & -\lambda \\ 0 & \varrho^{-1} \end{vmatrix}^3 = \begin{vmatrix} \varrho^3 & -\lambda(\varrho^2 + 1 + \varrho^{-2}) \\ 0 & \varrho^{-3} \end{vmatrix} =$$

$$= \begin{vmatrix} \varrho^3 & -\lambda \dfrac{\varrho^3 - \varrho^{-3}}{\varrho - \varrho^{-1}} \\ 0 & \varrho^{-3} \end{vmatrix} \quad \text{and so on} \ .$$

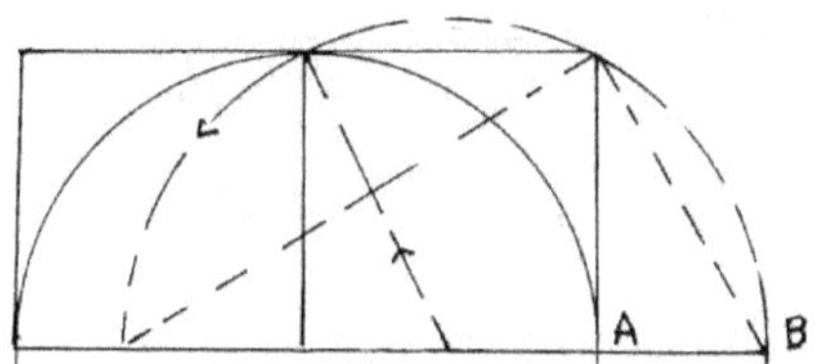

Fig.22- AB is the decagon's side(Adapted from the book "Le Modulor"by Le Corbusier): $r^2=h^2+(\frac{h}{2})^2$,

$\Rightarrow r = \frac{\sqrt{5}}{2}$h ;but r=AB+$\frac{h}{2}$. Thus AB=$\frac{\sqrt{5}-1}{2}$ h for a circle whose radius is h(=square's side) .

Tractrix for Black Hole

In a tractrix the segment drawn from the point of tangency to a fixed straight line(asymptote) is constant - for each of its points.Such a segment yields

$PP_1{}^2=x^2+(y-y_1)^2=k^2$ if P≡(x,y) and $P_1 \equiv(0,y_1)$.

Contemporarily $\frac{dy}{dx}=\frac{y_1-y}{x}=\frac{\sqrt{k^2-x^2}}{x}$; y=$\int \frac{\sqrt{k^2-x^2}}{x}$ dx=

$k\int \frac{\sqrt{1-(\frac{x}{k})^2}}{\frac{x}{k}}$ d$\frac{x}{k}$ .Let's put $\frac{x}{k}$=sinα,cosα=$-\sqrt{1-(\frac{x}{k})^2}$ $\Rightarrow$

(-y)=k$\int d\alpha \frac{cos\alpha}{sin\alpha}$cosα=k$\int \frac{1-sin^2\alpha}{sin\alpha}$ dα= k[(ln tan$\frac{\alpha}{2}$)+cosα]

because $\frac{d}{d\alpha}$ ln tan$\frac{\alpha}{2}=\frac{1}{2}\frac{cos\frac{\alpha}{2}}{sin\frac{\alpha}{2}}\frac{1}{cos^2\frac{\alpha}{2}}=\frac{1}{sin\alpha}$ .Since

$\frac{sin^2(\frac{\alpha}{2})}{cos^2(\frac{\alpha}{2})}=\frac{1-cos\alpha}{1+cos\alpha}=\frac{(1-cos\alpha)^2}{sin^2\alpha}$, we get

67

$(-y)=k[\ln\left(\frac{k+\sqrt{k^2-x^2}}{x}\right) -\sqrt{k^2-x^2}]$. As $-\frac{dy}{d\alpha}=k\left(\frac{cos^2\alpha}{sin\alpha}\right)$

$\Rightarrow dx^2+dy^2=k^2 d\alpha^2(cos^2\alpha + \frac{cos^4\alpha}{sin^2\alpha})=k^2 d\alpha^2\frac{cos^2\alpha}{sin^2\alpha}$

$s=k\int\frac{cos\alpha}{sin\alpha}\,d\alpha=k\ln sin\alpha=k\ln\frac{x}{k}$; $x/k=e^{s/k}$.

When the tractrix is rotated about the y axis, following a work by Stillwell* we put $s=\tau$, and with the arch dl in a circular cross section of the surface get

$\widehat{d\beta}=\frac{dl}{x}$, $ds^2=dl^2+d\tau^2=x^2 d\beta^2+d\tau^2=$

$= k^2 e^{-2\tau/k}d\beta^2+d\tau^2$.

Introducing $w=e^{\tau/k}$, $dw=\frac{1}{k}e^{\tau/k}d\tau$, on the surface

$ds^2=k^2 e^{-2\tau/k}(d\beta^2+dw^2) = k^2\frac{d\beta^2+dw^2}{w^2}$.

Exercise: 1) If $x=x_0 e^{\tau y}$, find $ds=\sqrt{dx^2+dy^2}$.

$y=\frac{1}{\tau}\ln\frac{x}{x_0}$ $\Rightarrow \frac{dy}{dx}=\frac{1}{\tau}\frac{1}{x}$;

$ds = \sqrt{dx^2 + (\frac{1}{\tau}\frac{dx}{x})^2} = \frac{dx}{\tau x}\sqrt{1+(\tau x)^2}$. One puts[41]

$1+\tau^2 x^2=t^2 \Rightarrow \tau^2 2x(dx)=2t(dt)$; $ds=\frac{1}{\tau x}\frac{t(dt)}{\tau^2 x}$ $t=\frac{1}{\tau}\frac{t^2}{t^2-1}dt$

where $\frac{t^2}{t^2-1}=\frac{d}{dt}[t+\frac{1}{2}\ln(\frac{t-1}{t+1})]$.

2) When $x=x_0 e^{-\lambda y} \Rightarrow y=\frac{1}{\lambda}\ln\frac{x_0}{x}$, $\frac{dy}{dx}=-\frac{1}{\lambda}\frac{1}{x}$

$ds^2= dx^2(1+\frac{1}{\lambda^2 x^2})$; $ds=\frac{dx}{\lambda x}\sqrt{1+\lambda^2 x^2}$.

*I.Stillwell-Geometry of Surfices-Springer Verlag-New York .

Along[40] a Black Hole(fig.23)

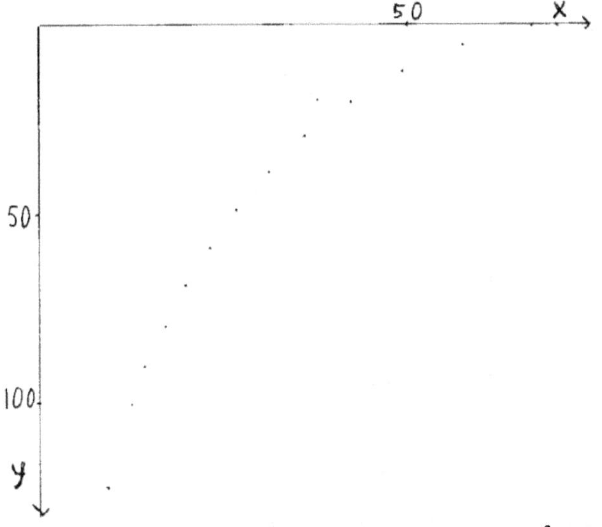

Fig.23-Orthogonally to Fig.25,$x=70.037e^{-y\frac{\lambda}{2}(\frac{2\pi}{14})}$(p.70).

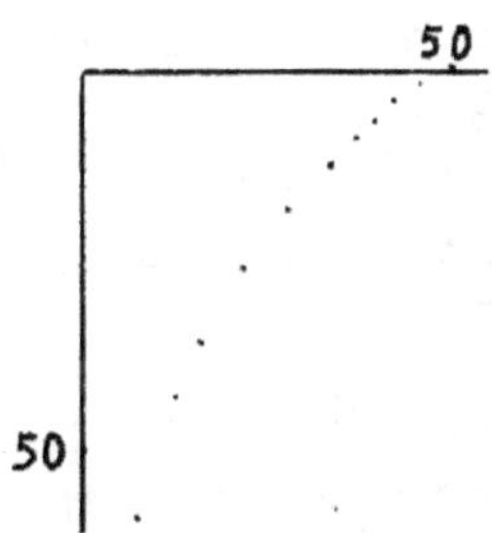

Fig.24-Data of p.93 for Andromeda,$x=49e^{0.03680y\frac{2\pi}{14}}$.

y= 3.75   7.5   12   14.25   22   33.5   48.5
x=46.03   43   40.19   38.72   34.0   28.17   21.99
y= 49.5   67   80   109.5
x= 21.63   16.2   13.0   8.03

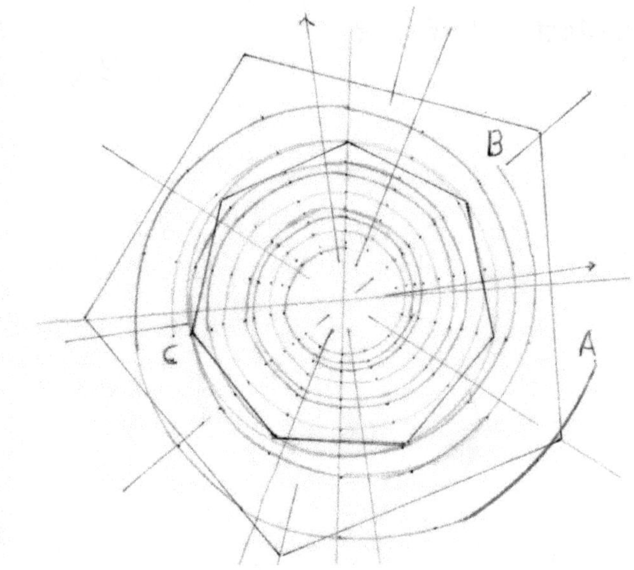

Fig.25-OA,OB and OC(if O is the center):

mm.70.037 ,55.578 ,47.638-

From direct measures along a spiral arm of the gala-
xy*(Fig.25)mm.30 $e^{5\lambda\frac{2\pi}{14}}$=35;thus λ=0.0686948 if

π=3.1415927.With $e^{\frac{\lambda}{2}\frac{2\pi}{14}} = 1.0155345$ one gets the

table **70.037**$e^{-n\frac{\lambda}{2}\frac{2\pi}{14}}$ where n is integer for the three
spiral arms :[35/1.0155345=34.46460952 ≅**34.464
and** so on]

*DVD Galassie Aliene(cover)-Hobby & Work Publis<u>h</u>
ing-Milano-Italy.

35   26519 18603   13252 9296 |35   45485 58.209
34464 26113 18318   13049 9154 |35.543 46.192 59.113
33937 25714 18038   12850 9014 |36.095 46.910 60.031
32403 24552 17490   12460 8876 |37.226 **47.638** 61.911
31908 24176 17223   12269 8740 |37.804 48.378 62.873
31419 23806 16959   12081 |38.391 49.130 63.849
30939 23442 16700   11897 |38.987 49.893 64.841
30466 23084 16.444 11.715 |39.593 50.668 65.849
29999 22.730 16193 11535 |40.208 51.455 66.872
29.541 22383 15945   11359 |40.933 52.225 67.910
29089 22040 15701   11185 |41.467 53.066 68.965
28644 21703 15461   11014 |42.111 53.891 **70.037**
28206 21371 15224   10846 |42.766 54.728
27774 21044 14992   10680 |43.430 **55.578**
27349 20722 14762   10516 |44.105 56.442
26931 20405 14536   10355 |44.790 **57.318**
26519 20093 14314   10197 |Orthogonally to the Fig. 25
26113 19786 14.095 10.04 |$y=k(\ln \frac{k+\sqrt{k^2-x^2}}{x})-\sqrt{k^2-x^2}$
25714 19.483 13879 9887 |$k=70.037$; $k^2=4905.181369$
25.320 19185 13667 9736 |Above ,$\Delta y=10$;then if y=13
24933 18892 13458 9587 |

$x=70.037\exp[-(0.0686948/2)13\frac{2\pi}{14}]=$ **57.318**. **Example:**

$\frac{35}{1.01553415}=$ **34.464** $=x$(Fig.25), $x^2=1187.767296$;

$y=70.037(\ln \frac{70.037+\sqrt{4905.181-34.464^2}}{34.464})-\sqrt{4905.181-34.464^2}$

$=32.55$

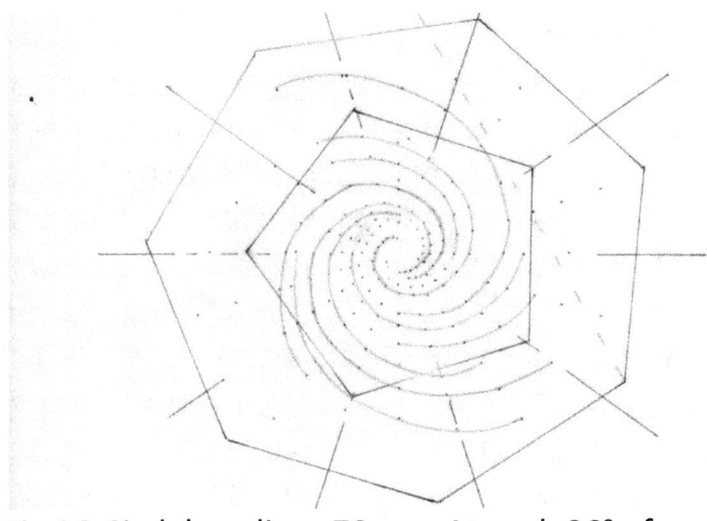

Fig.26-Circle's radius =70 mm.At each 36° of such a -
circle starts $\varrho = 70e^{-n\lambda\frac{\pi}{10}}$ (n integer); $|\lambda|$=**0.324564437**
stems* from[46] $\dfrac{17.7mm.}{19.6mm.} = e^{-\lambda\frac{\pi}{10}}$.
For a comparison (p.74) with the previous Fig.25,
we prefer to use distances $x = 70\, e^{-n\frac{|\lambda|}{2(10)}\pi}$ from the
center .
[$ln\dfrac{70}{x}$=1.0523044 at n=1 , $\dfrac{70}{1.0523044}$=**66.520**(p.73)]
and $-y = 70(\, \ln\dfrac{70+\sqrt{70^2-x^2}}{x}\,)-\sqrt{70^2 - x^2}$ in a single
plane orthogonal to Fig.25.[In practice we have -
different parameters for Fig.25, if one doesn't use
eptagons] .
*Phenomenology's value.

x=$70e^{-n\frac{\lambda}{2}\frac{\pi}{10}}$ =$70e^{-n\frac{0.324564437}{2}\frac{\pi}{10}}$ (p.72), where
π =3.1415927:

70	<u>48.990</u>	34.286	23.995	<u>16.793</u>	11.753
<u>66.520</u>	46.555	32.581	<u>22.802</u>	15.958	11.168
63.214	44.241	<u>30.962</u>	21.669	15.165	<u>10.613</u>
60.072	<u>42.042</u>	29.423	20.592	<u>14.411</u>	10.086
<u>57.086</u>	39.952	27.961	<u>19.568</u>	13.695	9.584
54.248	37.966	26.571	18.596	13.0x4	<u>9.108</u>
51.552	<u>36.079</u>	25.250	17.671	<u>12.367</u>	8.655

$e^{\frac{\lambda}{2}\frac{\pi}{10}}$ =1.0523044.

Results with $y=k(\ln\frac{k+\sqrt{k^2-x^2}}{x}) - \sqrt{k^2-x^2}$:

k=70 Fig.25and Fig.26   k=70.037
x values from p.73   x values from p.71(Fig.25)

x=**66.520676**	y=0.748	x= 66.872	y=0.647
x=57.086	y=5.72	x= 57.318	y=5.588
48.990	12.71	49.13	12.602
42.042	20.84	42.111	20.796
36.079	29.73	36.095	29.755
30.962	39.13	30.939	39.236
26.571	48.89	26.519	49.084
22.802	58.91	22.730	59.194
19.568	69.12	19.483	69.488
16.793	79.46	16.700	79.918
14.411	89.90	14.314	90.448
12.367	100.41	12.269	101.049
9.108	121.57	9.014	122.393

Isometries[42] with a gravitational lens

We shall consider the simple isometry whose expression is given by

$$\begin{vmatrix} \cos30° & -\sin30° & 0 & 0 \\ \sin30° & \cos30° & 0 & 0 \\ 0 & 0 & \cos\frac{360°}{7} & -\sin\frac{360°}{7} \\ 0 & 0 & \sin\frac{360°}{7} & \cos\frac{360°}{7} \end{vmatrix}$$

for the five images obtained from a gravitational lens[45] in the figure which follows:

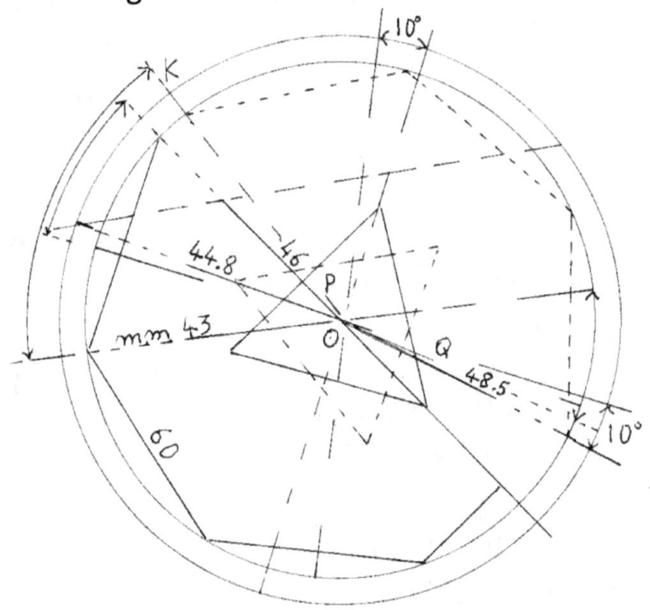

Fig.27-Images of the lens have distances from O respectively given by 48.5 mm, 46 , 44.8 , 43mm, 27.5=OQ.(Adapted from "La Materia Oscura"by Alberto Casas   Gonzàles-RBA Italia S.r.l. 2016,p.51). With the ratio $\frac{46}{44.8}$=1.026785714= e^{W}, ⇒w=0.026433257.We check if it can properly be used .Example: 48.497 $e^{-66(0.026433257)}=$ 8.473=OP 63($\frac{360°}{7}$)+3($\frac{360°}{7}$) means that after 9(360°),

75

starting from 48.5 one reaches P with an angle

through $3(\frac{360°}{7}) \cong 154°.28$;then in proportion ,

$$\frac{360°}{7}=51°42857143 \qquad\qquad 0.026433257$$

$$30° \qquad\qquad 0.015419399$$

$$72° \qquad\qquad 0.037006559$$

$$2° \qquad\qquad 0.010279573$$

Actually $43e^{-29(0.015419399)}$=27.4959=OQ is the linkage between two images; 29(30°)=870°= 2(360°)+150°

$$\left\{ \begin{array}{c} 48.5\ e^{-15(0.037006559)} = 27.83976552 \\ e^{0.010279573} = 1.01033259 \Rightarrow \\ \dfrac{27.83976552}{1.01033259} \cong 27.555 \end{array} \right\}$$

Thus 15(72°)=3(360°) and the angular distance between 48.5 and 27.5 is 2° ,found directly and through the last operation.A first isometry depends on 30° and $(\frac{360°}{7})$.Actually $\cos\frac{2\pi}{12}\cos\frac{2\pi}{7}$ =0.539958006=K

$\Rightarrow$51k$\cong$27.537 80k$\cong$43.196 83k$\cong$44.816   85k$\cong$45.896 .

Moreover(p.69) from   x=49 exp[$-0.0368\ y(\frac{2\pi}{14})$],

where $\pi = 3.1415927$ one obtains:

x	8.474	8.5	**27.488**	**42.93**	**44.745**	45.49	**46.247**	**48.579**
y	106.25	106	35	8	5.5	4.5	3.5	0.522466

with **negative**[29] **constant curvature** around an interga lactic axis(p.75).

References

1-S.Hawking- Dal Big Bang ai Buchi Neri-Milano (Ita ly) -Rizzoli Ed.-1986,p.53 .

2-B.A.Dubrovin S.O.Novikov A.T.Fomenco – Geome tria Contemporanea 2 –Roma (Italy)-Editori Riuniti -1988,p.338.

3-Fernando Corbalàn –La sezione aurea-RBA Italia -S.r.l., 2015,p.130.

E.Kreyszig-Differential Geometry-New York-Dover Pu blications Inc. -1991,p.137.

4-N.Piskunov-Calcolo Differenziale E Integrale 2-Ro -ma (Italy)-Editori - Riuniti 1999,p.140.

5-Le Scienze- Milano(Italy)-Ottobre 1993 (= Scientific American)

6- N.Piskunov-Calcolo Differenziale E Integrale2-Ro -ma -Editori Riuniti 1999,p.57 .

7-E.Kreyszig-Differential Geometry-New York-Dover Publications Inc -1991,p.135.

Le Scienze –Milano (Italy) Ottobre 2005 ,p.61 (=translated Scientific American)

8- M.Henle- A Combinatorial Introduction To Topo logy -New York-Dover Publications Inc. 1994, p.107.

9-Newsweek-11 May 18 (2009),p.22 .

J.Foster J.D.Nightingale-A Shor t Course In General -Relativity -New York-Springer Verlag 1955,p.155.

10-Le Scienze-Milano(Italy)-Ottobre 2005,p.61 (=translated Scientific American).

11-Ta-Pei Cheng   Ling Fong Li- Gauge theory Of Ele - mentary ParticlePhysics -Problems And Solution- Ox - ford-Clarendon Press 2000,p.273;p.267.

12-S.Sternberg-Group Theory And Physics-New York- Cambridge University Press 1955,p.181.

13-David B.Cline Carlo Rubbia Van Der Meer –Le Sci enze - Milano (Italy)-Maggio 1982,p.29;these authors use $\varrho=14.6e^{n0.011096}$.

14-J.Stillwell-Geometry Of Surfices-New York-Sprin - ger Verlag 1992, p.199.

15-N.Piskunov-Calcolo Differenziale E Integrale 2-Ro- ma (Italy)-Editori Riuniti 1999,p.134 .

16- C.Kittel - Introduction To Solid State Physics -7th Edition--John Wiley & Sons Inc.

17-IL MATTINO(Newspaper)- Napoli(Italy)Jan.7 2001, p.12 .

18-M.Senechal-Quasicrystals And Geomertry –New York-Cambridge University Press 1955,p.20.

19-Newsweek-May 28-2012,p.30;p.31.

20-IL MATTINO(Newspaper)Napoli(Italy)-30 Ottobre 2012 .

21-IL MATTINO(Newspaper)29 Ottobre 2012,p.11 .

22-Weekly Publication<SPAZIO>-Milano(Italy)-Hobby & Work Publishing S.r.l.- n.23(2013),p.272;p.273 .

23-Weekly Publication<SPAZIO>-Milano(Italy)-Hobby
& Work Publishing Srl. –n(23) (2013p.272 .
24-V.Morrone-La Nuova Osservabile dei Gravitoni-Pie
dimonte Matese – CE (Italy)- Tipografia Piedimontese
-14 Aprile 2007 (An author's work).
25-A. Einstein- The Meaning Of Relativity – Fifth Edi
tion- New York-M.J.F. Books,p.149;p.163 .
26- C.Close- An Introduction To Quarks And Partons
-New York-Academic Press 1979,p.162.
27- D.B.Cline Carlo Rubbia S.Van der Meer-Le Scienze
(=translated Scientific American)Maggio 1982,p.29 .
28- A.Einstein-The Meaning Of Relativity – Fifth Edi-
tion-New York-MJF Books 1984,p.149.
 29-J.Foster J.D.Nightingale -A Short Course In General Relativivty-New York Springer Verlag 1995,p.17.
30-R.Pacifici- Midrashim- Torino (Italy) – Marietti Ed.-
1986,p.159;
M.Senechal- Quascrystals And Geometry –New York-
Cambridge University Press 1955,p.219   :50° and 52°
in the L.Danzer triangle.
31-J. Maxfield   M. Maxfield-Abstract Algebra And Solutions By Radicals -New York-Dover Publications Inc.
1992,p.155 .
32-M.Gardner-Enigmi E Giochi Matematici-Vol.2°-Fi -
renze(Italy)-Edizi oni Sansoni 1983.

33- A.Franchetta   P.Mastrogiacomo- Geometria Analitica – Napoli -(Italy) -Ed.Liguori 1975.
D.Speiser et al.- Journal Of Mathematical Physics 5 126 (1964);D.Speiser et al.-Journal Of Mathematical Physics 5 1560 (1964).
34- M.Senechal- Quasicrystals And Geometry - New York –Cambridge University Press 1955,p.223.
35-N.Piskunov-Calcolo Differenziale E Integrale 2-Roma(Italy)-EditoriRiuniti 1999,p.134 .
36-L.Mihàli et al. – Solid State Physics- New York-John Wiley & Sons 1996,p.40 .
37-P.Dennery   A.Krzywicki -Mathematics For Physi - cists – New York - Dover Publications Inc. 1995,p.93; P.C.Du Chateau-Advanced Mathematics for Engineers And Scientists -New York- Harper Collins Ed. 1992, - p.130
38- M. Senechal- Quasicrystals And Geometry - New York-Cambridge   -University Press 1955,p.64.
39-J.Stillwell- Geometry Of Surfices -New York Sprin - ger Verlag 1992, p.199.
40-J.Foster J.D.Nightingale-A Short Course In General Relativity-New York-Springer Verlag 1955,p.155.
41-A-Ghizzetti-Complementi Ed Esercizi Di Analisi Ma tematica -Volume I –Seconda Edizione 1965-66-Roma (Italy)—Libreria Eredi Veschi -Viale dell'Università 7 - p.512 .

42-M.Senechal-Quasicrystals And Geometry-Cambrid ge University Press-New York 1995,p.46.

43-John G.Hocking G.Gail Young-Topology-Dover Pu - blications Inc.1988,p.363;These authors consider mul tidimensional spaces.

44-Peter Duffet Smith-Practical Astronomy With Your Calculator-2nd Edtion Cambridge University Press- New York 1982,p.3.

45-Alberto Casas Gonzàles-La materia oscura-RBA Ita lia S.r.l.- Printed in ELDOGRAF S.p.A.- via Mondadori 15-37131 Verona-Italy.

46-Fernando Corbalàn-La sezione aurea-RBA Italia S.r.l.-2010 ,printed by spanish Rotativas de Estella, S.l.(Rodesa),Villatuerta-Estella,Navarra; from p.15; p.130.In this last page and scale 45mm|70mm ,an approximation with direct measures yields
$\frac{22.5}{18.35}\cong 1.226$;whence the sequence
$\frac{18.35}{1.226}=14.967$ 12.20 9.95 8.12 6.62 5.40 4.40 3.595 2.93 23.918 **19.509** 1.591 12.979
Underlined figures are stars on p.15 along an arm of a galaxy .

Mean value , $\frac{19.509+15.91}{2}$**=17.70**

Crop circles and flying disk

Preamble

At present one carefully looks at the outer space. It's not difficult to have the base for a scientific descripti-on of the crop circles and understand what underlies an UFO's phenomenon.

Shall we go from a star toward another,and how?(p.89;p.90).

Liberi,81040Caserta(Italy)-November 2006.

Some crop circles

Let's introduce the matrix

$$\begin{vmatrix} -1 & e_1 \\ e_1 & -1 \end{vmatrix}$$

with eigenvalues λ given by $(\lambda + 1)^2 - e_1{}^2 = 0$;

$\lambda = \pm e_1 - 1$

$$\psi_0 = \sqrt{(e_1 + 1)^2 + (e_1 - 1)^2} = \sqrt{2}\sqrt{e_1^2 + 1} \cong e_1\sqrt{2}$$

One has[1]the direct measurements along a straight path:

9.7 mm. , 20 , 40 , 97 ,153.5

At each of these steps something happens in the or -thogonal plane.

Operations:

n	$n\sqrt{2}$	$\sqrt{n}$=a(a+1)	a
7	9.899	2.645	$-2.2\ ;\ +\frac{1}{2}$
14	19.79$\cong$ 20	3.74	$-\frac{5}{2}\ ;\ +\frac{3}{2}$
28	39.59$\cong$ 40	5.29	-3 ; +2
69	97.68	8.306	$-\frac{7}{2}\ ;\ +\frac{5}{2}$

Parallel planes orthogonal to the former path

For the matrix $\begin{bmatrix} \sqrt{6} & 0 & 0 \\ 0 & 2 & 1 \\ 0 & 1 & 1 \end{bmatrix}$ one finds the eigenvalues

$\lambda=\sqrt{6},\ \lambda=\frac{3\pm\sqrt{5}}{2}$,because (2-λ)(1-λ)-1=0 .

Moreover $\psi_0 = \left[\left(\frac{3+\sqrt{5}}{2}\right)^2 + (\frac{3-\sqrt{5}}{2})^2+6\right]^{1/2} =\sqrt{13}$

n	$n\sqrt{13}$	$\sqrt{n}$ =a(a+1)	a
14	50.4$\propto$ $5mm.$	3.741	-5/2;+3/2
36	129.79$\propto$ $13mm$	6	-3 ;+2
58	209.12$\propto$ $21mm.$	7.61	-7/2;+5/2

$n\sqrt{13}$ entails an exponential* behaviour;$\Rightarrow$find
R=$x^2 + y^2$ if

$x=e^t(x_0 cost + y_0 sint); y = e^t(y_0 cost - x_0 sint)$

* 7.6/6$\cong$1.266 , 6/1.266$\cong$4.736 ,
4.736/1.266$\cong$3.7409 .

Path of a flying disk(made of ionized air)

After concentric circles with radia respectively given[2]
by 30mm., 48mm .,70mm.(fig.2,p.89) there is displa
cement along a spiral wrapped on a cone.The grow -
ing size of such circles can be found as follows:

$$x^2/a^2 = \cos^2\omega t (1 + 2\sin\omega y)^2 \qquad \frac{y^2}{a^2} = \sin^2\omega t \Rightarrow$$

$$\frac{x^2}{a^2(1+2\sin\omega t)^2} + \frac{y^2}{a^2} = 1 \quad \text{.It's possible to have the circle}$$

$$\frac{x^2}{a^2} + \frac{y^2}{a^2} = 1 \text{ if } (1 + 2\sin\omega t)^2 = 1, \quad \text{whence}$$

(1+2sinωt)+1=0(p.85) ;(1+2sinωt)-1=0 (p.102).
The spiral has to be seen as an incline (from the right
point of view);therefore ,for a rolling disk the change
of energy is

$$\text{mgh} = \frac{1}{2}m(v_2^2 - v_1^2) + \frac{1}{2}I(\omega_2^2 - \omega_1^2) = \frac{3}{2}[\frac{1}{2}(v_2^2 - v_1^2)]m .$$

It seems that the disk is going away in the space;but
actually it's in a free fall.The phase for a constant acceleration is
$$\frac{\Delta s}{v_m} = \frac{h}{(v_1+v_2)/2} \propto v_2 - v_1$$

With the data of p.89 one finds such an acceleration:

$$\Delta t = \text{phase} = t_n\text{-}t_{n-1} \quad | \qquad \sqrt{s_2} - \sqrt{s_1}$$

56.24 -51 92 =4.32	$\sqrt{816.23} - \sqrt{559.8} = 4.90$
61.24 -51.92 =9.32	$\sqrt{1261.6} - \sqrt{816.2} = 6.96$
66.24 -51.92=14.32	$\sqrt{1952.1} - \sqrt{1261.6} = 8.66$
71.24-51.92=19.32	$\sqrt{3020.28} - \sqrt{1952.1} = 10.77$

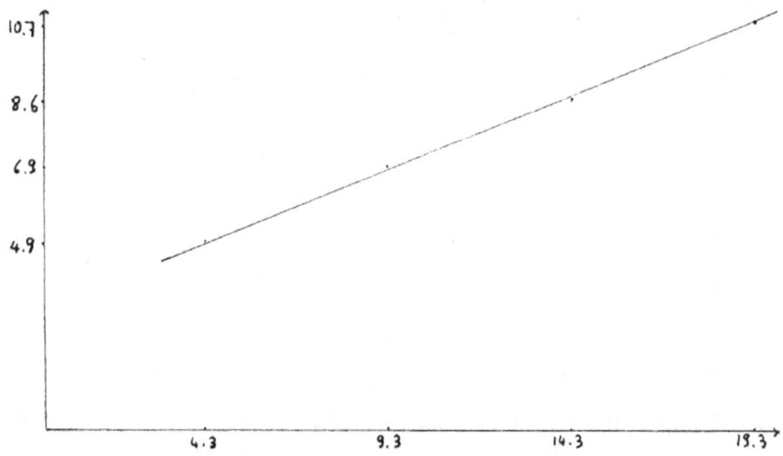

Fig.1-Taking into account the expression of the energy (p.85),the phase is $\propto v_2 - v_1 \propto \sqrt{s_2} - \sqrt{s_1}$.

....

Solution of sinωt=-1   (p.84).
-   90+360=+270
270+83(360)=30150≡ 30.15 mm.
30150+50(360)=48150≡ 48.15 mm.
48150+61(360)=70110≡70.11 mm.

Another solution in stars' environment
For the same phenomenon just described let's introduce[3]

$$\sqrt{\frac{3}{4\pi}}\left(J_x \sin\omega\cos\chi + J_y\sin\omega\sin\chi + J_z\cos\omega\right)=$$

$$= \sqrt{\frac{3}{4\pi}}\,\frac{1}{\sqrt{2}}\,sin\omega \begin{bmatrix} \dfrac{\sqrt{2}}{tan\omega} & e^{-i\chi} & 0 \\ e^{i\chi} & 0 & e^{-i\chi} \\ 0 & e^{i\chi} & -\dfrac{\sqrt{2}}{tan\omega} \end{bmatrix}$$

i.e. the component of the angular momentum along the direction singled with polar angles ω and χ out - (its eigenvalues are given below).

The ratio between the first and third term is given by $tan\omega cos\chi$ and implies some delay as respect to $tan\omega$. Hence one puts[4]

$tan(\omega+\Delta) = tan4\vartheta = -1$ as a trial, and finds agreement with the former result at(p.85) :

11,25-45=33.75; 33.75+66(45)=3003.7$\equiv$ 30.037mm

3003.75+40(45)=4803.75$\equiv$ 48.0375 mm.

4803.75+49(45)=7008.75$\equiv$ 70.0875 mm.

The matrix for the eigenvalues λ is

$$\begin{bmatrix} \dfrac{\sqrt{2}}{tan\omega}-\lambda & e^{-i\chi} & 0 \\ e^{i\chi} & -\lambda & e^{-i\chi} \\ 0 & e^{i\chi} & -\dfrac{\sqrt{2}}{tan\omega}-\lambda \end{bmatrix} = 0 \qquad \text{or}$$

$$(\frac{\sqrt{2}}{tan\omega}-\lambda)[-\lambda\left(-\frac{\sqrt{2}}{tan\omega}-\lambda\right)-1]-$$

$$e^{-i\chi}[e^{i\chi}(-\frac{\sqrt{2}}{tan\omega}-\lambda)]=0\ ;$$

therefore $-\lambda^3 + 2\lambda\left(1+\dfrac{1}{tan^2\omega}\right) = 0$,

$$\lambda = \sqrt{2(1 + \frac{1}{tan^2\omega})}$$

Assuming ω=15°, |λ|=5.464101615 mm .Its multi_ - ples are shown in the table that follows (referring to p.33): [5.5 λ=30.05 mm. ,8.75 λ=47.81 , 12.75λ = 69.66 , 23λ=125.67]

n	$n\lambda$	n	$n\lambda$	n	$n\lambda$
10.5	57.3mm	23.75	129.77	63	344.2
16.75	91.52	24	131.13	67	366.09
12.5	68.3	25.5	139.33	83.75	457610=galassia S
14.5	79.22	25.75	140.7	87.75	479.47
14.75	80.59	31.5	172.11	120.75	659.79
21.5	117.47	31.75	173.48	127	693.5
21.75	118.84	37	202.17	128	699.0
		48.5	26508=galassia Andromeda		
		138.25	75498=galassia A		

Exercise. If one puts ω=30°, λ= $\sqrt{2(1 + \frac{1}{tan^2\omega})}$ =2$\sqrt{2}$

⇒ 10.5 λ = 29.69 , 17λ=<u>48.08</u> , 24.75λ=<u>70.003</u>
   106λ=299.8 ,   170λ=480.8 , 445.5λ=126.006 , 248.25λ=702.15

$$J_x = \frac{1}{\sqrt{2}}\begin{bmatrix} 0 & 1 & 0 \\ 1 & 0 & 1 \\ 0 & 1 & 0 \end{bmatrix} \quad J_y = \frac{1}{\sqrt{2}}\begin{bmatrix} 0 & -i & 0 \\ i & 0 & -i \\ 0 & i & 0 \end{bmatrix} \quad J_z = \begin{bmatrix} 1 & 0 & 0 \\ 0 & 0 & 0 \\ 0 & 0 & -1 \end{bmatrix}$$

Forces at hand among stars

On the line NM (fig.2;89) one has a symmetry po int at $P \equiv V$. The measurements for the isosceles triangles RNM and $P_1 PM$ (triangles considered as fields that should reveal the forces)yield $\dfrac{2.72}{4.75} = e^y \Rightarrow$

$y = -0.557512737$; $\dfrac{7.2cm.}{14.6cm} = e^x \Rightarrow$ x= -0.706940502 .

Since the flight is wrapped on a cone with axis along $P_1 Q$, one takes into account the quantum levels (=radia) 30,48,70 by the use of

$\varrho = e^{n\lambda} = e^{n0.0872836601}$ where $\dfrac{7.0036}{4.83} = e^{\lambda(22.3-18.05)}$ ↙

n	9	12.6	17.8	18	**18.05**	22.2	**22.3**
ϱ	2.19	**3.003**	4.72		4.81	**4.83**	6.94	**7.0036**

Note : 22.3 - 18.05=**4.25** . The spiral is given by

$x=ae^{\lambda t} \cos t$, $y=ae^{\lambda t} \sin t$, $z = be^{\lambda t}$ (where

b=1)on the cone $x^2 + y^2 = \dfrac{a^2}{b^2} z^2$. The surface of the

cone makes an angle φ with the axis;$(\tan\varphi = \frac{a}{b})$. To the

line $\dfrac{x}{\cos t} = \dfrac{y}{\sin t} = \dfrac{z}{(\frac{b}{a})}$ belong the points (x,y,z) and -

(0,0,0).The angle α between this line and the tangent at (x,y,z) is identified through[5] cosα=

$$\dfrac{cost(\lambda cost - sint) + sint(cost + \lambda sint) + (\frac{b}{a})(\frac{b\lambda}{a})}{\sqrt{cos^2t + sin^2t + (\frac{b}{a})^2} \; \sqrt{(\lambda cost - sint)^2 + (\lambda sint + cost)^2 + (\frac{b\lambda}{a})^2}} =$$

$$=\lambda \sqrt{\dfrac{a^2+b^2}{[a^2+b^2)\lambda^2+a^2]}} \quad . \; [\; \dot{x}=ae^{\lambda t}(\lambda \cos t - \sin t)]$$

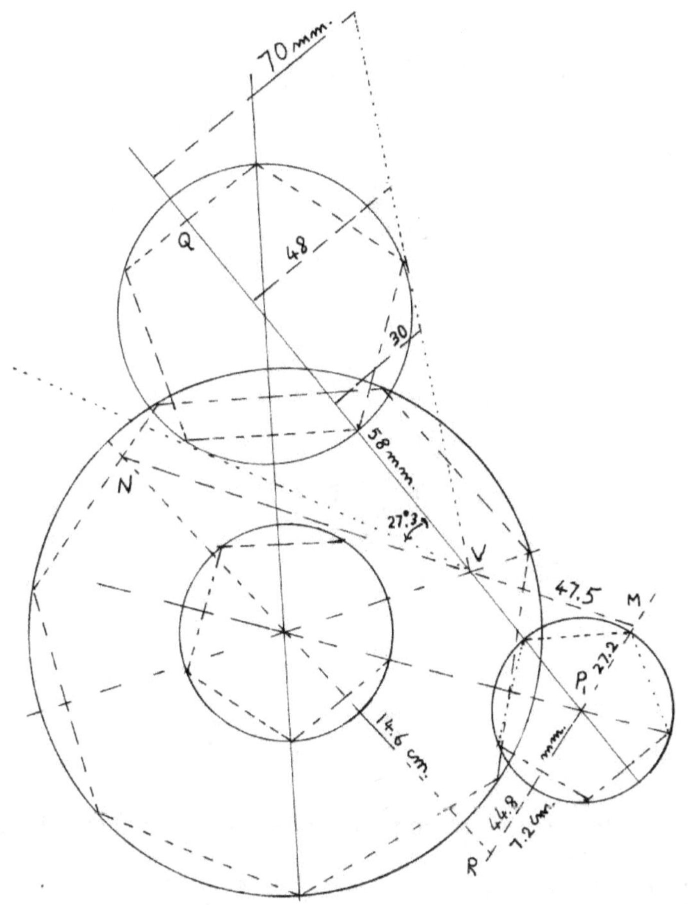

Fig.2-Sources of force.Along the spiral, ds=$(\dot{x}^2+\dot{y}^2+\dot{z}^2)^{1/2}$

$$(ds)^2 = e^{2\lambda t}[a^2(\lambda^2 + 1) + b^2\lambda^2](dt)^2 ; s=\frac{\sqrt{a^2(\lambda^2+1)+\lambda^2}}{\lambda}e^{\lambda t};$$

$b = 1 , z = e^{\lambda n}$,a=tan27°3 . s=(6.01945155)z (λ=0.087283)

n= t	46.5	51. 92	56.24	61.24	66.24	71.24
z (fig.2)58(mm)	93	135.6	209.6	324.3	501.75	
s	348.5	559.8	816.2	1261.6	1952.1	3020.28

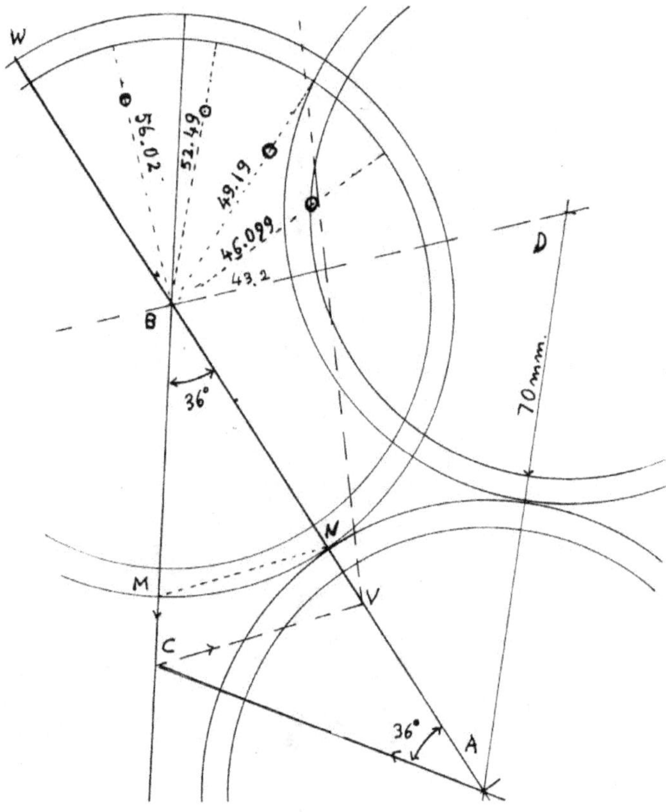

Fig.3-1)In the plane passing through B orthogonal to VB,

$56.02 = 43.2e^{\frac{\lambda\pi}{2}}$ where $\pi = 3.1415927 \Rightarrow \lambda = 0.165437279$;

$\varrho = 43.2e^{\lambda n\pi/8}$,n=0,1,2,3,4. 2)In the plane with the circles

$\frac{360°}{112°} = \frac{2\pi}{1.954768791}$ $55 = 43.2e^{\lambda 1.954768791}$,λ=0.123540283

$\varrho = 43.2e^{\lambda n1.954768791/4}$,n=0,1,2,3,4. $D\hat{B}W = 112°$;BW=77mm.

3)CV/BV=$\frac{-1+\sqrt{5}}{2}$=τ,BV=2(77)-VA=154-CV=154-τBV; $\frac{154}{1+\tau}$=BV .

4)BV/sinβ=43.2/sinα ,$\alpha+\beta$=112° ; α=26°.8874097 .

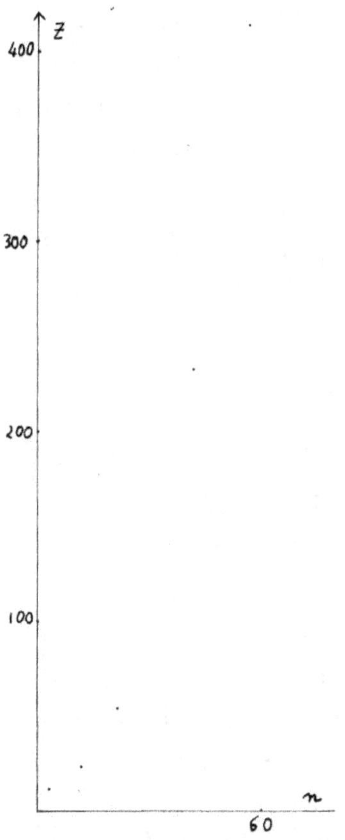

Fig.4-Free fall along VB (fig.3);Δn=22.3 -18.05 =**4.25**(p.88)

$x = ae^{\lambda t}cost$, y=ae$^{\lambda t}$sint ,z=e$^{n0.087283989}$.

$ds = \sqrt{\dot{x}^2 + \dot{y}^2 + \dot{z}^2}dt$, [s=[$a^2(\lambda^2 + 1) + \lambda^2]^{1/2} e^{\lambda t}/\lambda$

If 5 represents $\Delta n = 4.25$, then(with proportion)

  7 is 5.97   ⇒ $n = 22.3 + 5.97 = 28.25$ z=11.77

   9   7.65   n= 28.25+7.65=35.90   z=22.95

  11 9.35   35.90+9.35=45.25   51.91

  13 11.05   45.25+11.05=56.30   136.1

91

Periodic intervals across Andromeda

Borrowing the Kronig-Penney expression[11]

$$(\cosh w)\cos\vartheta + f(\sinh w)\sin\vartheta$$

we are going to show that from

$$\begin{vmatrix} \cosh w & \sinh w \\ \sinh w & \cosh w \end{vmatrix}\begin{vmatrix} \cos\vartheta & -f\sin\vartheta \\ f\sin\vartheta & \cos\vartheta \end{vmatrix} \quad (a)$$

one gets an overall view for the radial structure of Andromeda.

In the equivalence $\begin{vmatrix} 2 & 1 \\ 1 & 1 \end{vmatrix} \Leftrightarrow \begin{vmatrix} \cosh w & \sinh w \\ \sinh w & \cosh w \end{vmatrix}$ trace and determinant remain the same.The the written product(a) becomes

$$\begin{vmatrix} 2 & 1 \\ 1 & 1 \end{vmatrix}\begin{vmatrix} \cos\vartheta & -f\sin\vartheta \\ f\sin\vartheta & \cos\vartheta \end{vmatrix} =$$

$$= \begin{vmatrix} 2\cos\vartheta + f\sin\vartheta & 2\sin\vartheta + \cos\vartheta \\ \cos\vartheta - f\sin\vartheta & -f\sin\vartheta + \cos\vartheta \end{vmatrix}$$

.Owing to symmetry,$(2\cos\vartheta + f\sin\vartheta) = (-f\sin\vartheta + \cos\vartheta) \Rightarrow \tan\vartheta = -\dfrac{1}{2f} \to 0$ if $f \to \infty$. As a result one has

(ϑ=n180mm.): (at p.93 the direct measurements)

180	900+	9900	14400	±21.600	29700	38700
360	1800	11700+	1800=	900	31500	**40.500**
540	2700	900	**16.200**	**22.500**	33300	42300
720	4500	12600+	1800	1800(34.200m.v.)		(43.200m.v.)
900	6300	1800=	8000	24300	35100	44100
	8.100	14400	19800	**27.900**	36900	**45.900**≅ 46

$|\frac{\vartheta}{2}=(-45 \pm n180)(p.94)|$

ϑ-n360|ϑ+n360 | (|-45-n180|) |$\frac{\vartheta}{\beta}$=18.4+n180 *

```
-90     | 270 3150|225   1665   3105|198  1638 3078
-450    |630 3510 |405   1845   3285|378  1818 3258
-8.10   |990 3870|585   2025   3465|558  1998 3438
        |1350 4230|765   22.05  3645|738  21.78 3618
        !1710 45.90|945  2385   3825 |918  2358 37.98
        |2070      |1125  2565  40.05|1098 2538 3978
        |2430      |13.05 2745       |1278 2718 4158
        |27.90     |1485  2925       |1458 2898
```

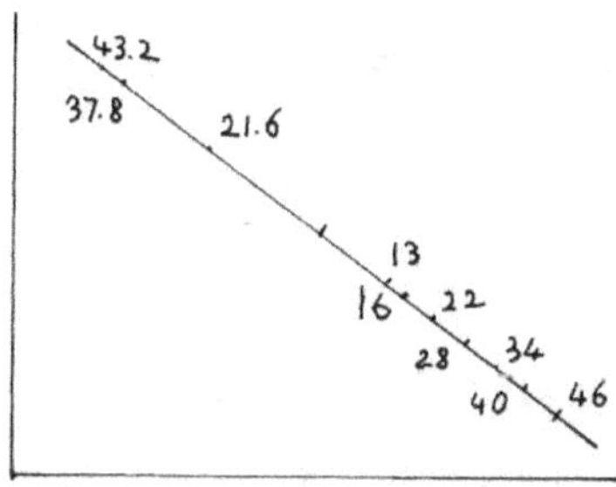

Fig.7-Andromeda's diameter [12].It's of about 120.000 Light-years (quotation from Nature,October 19-2006).

*(p.97) .

Exercise concerning Andromeda.

$$x = \vartheta \sin\vartheta \quad ; \quad y = \vartheta \sin\vartheta$$

$$\Rightarrow \ddot{x} = 2\sin\vartheta\chi - \vartheta\cos\vartheta = k \quad , \quad \ddot{y} = 2\cos\vartheta - \vartheta\sin\vartheta = k$$

Thus $-\dfrac{k+2\sin\vartheta}{\cos\vartheta} = \dfrac{2\cos\vartheta+k}{\sin\vartheta}$ or $\cos\vartheta - \sin\vartheta = \dfrac{2}{k}$

With $\sin\vartheta = \dfrac{2\tan\frac{\vartheta}{2}}{1+\tan^2\frac{\vartheta}{2}}$ $\cos\vartheta = \dfrac{1-\tan^2\frac{\vartheta}{2}}{1+\tan^2\frac{\vartheta}{2}}$ $z = \tan\dfrac{\vartheta}{2}$

one gets

$$z^2\left(\frac{2}{k}+1\right) + 2z + \left(\frac{2}{k}-1\right) = 0 \Rightarrow z = \frac{-1\pm\sqrt{1-(\frac{4}{k^2}-1)}}{\frac{2}{k}+1}$$

and finally, if k=2 ,

$$z = \frac{-1\pm1}{2} = \begin{cases} -1 \\ 0 \end{cases} \Rightarrow \frac{\vartheta}{2} = -45 \pm n180)mm. \quad (p.93)$$

Coloured UFO [14]

From different kinds of symmetries related to forces acting on moving particles stem the observed dyna‑ mic processes (=phenomena).
 The shape of the object we consider is a cigar. The distribution of points along the horizontal axis (of the object)suggests an SU(6)(= hexagonal)symmetry and another SU(7) : what is observed is the result of two

actions.Then the product $\frac{60}{2}(\frac{360}{7})\cong 51.429=1542$ can be assumed as theoretical size of the object.The correspondent size of the object on the book is 49.5mm.

 At this distance from the center of the cigar the colour is red.

  Explanation: For a rainbow,in proportion one has $\frac{2}{7}1542 = 660.8 = green$, $\frac{2}{7}1542=440=yellow$

If a charged particle impinges on air,in order to get light emission the particle's energy is such that
$$\frac{hc}{\lambda} = h\nu = \frac{1}{2}m\nu^2 \propto \nu^2 \quad (\text{h=Planck's constant})$$
Therefore(p.84), we put
$$\frac{436.47}{660.8} = \frac{\lambda_{green}}{5890} \Rightarrow \lambda_{green} = 3890.4^{(15)}$$
where $436.47\cong 440$ comes from $(1542\text{-}n\frac{51.42}{2})$,with n integer. As a result

1542	$\Longleftrightarrow$	49.5 mm.
660.8=green		21.2
436.47=yellow		14.01

  For the orthogonal plane as respect to object's axis one has to take into account another symmetry:there is a dome whose colour is amber(a not bright yellow).

Concentric circles on the fields[16]: y=n90(n90+3.37)

130813.2/17.5 =7475.04   ;   y=x(x+1)

n	y	y(proportional scale)	x
4	130813.2	17.5⇒	$-\dfrac{9.42}{2};+\dfrac{7.4}{2}$
5	204016.5	27.29	$-\dfrac{11.49}{2};+\dfrac{9.49}{2}$
6	293419.8	39.25	$-\dfrac{13.57}{2};+\dfrac{11.57}{2}$
7	399023.1	53.38	$-\dfrac{15.64}{2};+\dfrac{13.64}{2}$
8	520826.4	69.67	$-\dfrac{17.7}{2};+\dfrac{15.7}{2}$
9	658829.7	88.13	$-\dfrac{19.8}{2};+\dfrac{17.8}{2}$

Exercise:An orthogonal path to a spirals'family(p.8). When the family is expressed by

$$x=M_1\ e^{\frac{\vartheta}{\beta}}\cos\frac{\vartheta}{\beta}\quad y=M_1 e^{\frac{\vartheta}{\beta}}\sin\frac{\vartheta}{\beta}, \quad \tan\frac{\vartheta}{\beta}=\frac{y}{x},$$

$$\sqrt{x^2+y^2}=M_1\ e^{\frac{\vartheta}{\beta}}$$

Hence $\arctan\dfrac{y}{x}+\ln M_1-\dfrac{1}{2}\ln(x^2+y^2)=0=\phi$.

$$\frac{\partial\phi}{\partial x}+\frac{\partial\phi}{\partial y}\left(-\frac{1}{\frac{dy}{dx}}\right)=0 \ (\text{p.11}) , \qquad\qquad \textbf{(a)}$$

$$\frac{\partial \phi}{\partial x} = \frac{-\frac{y}{x^2}}{\left[1+\left(\frac{y}{x}\right)^2\right]} + \frac{x}{x^2+y^2} \quad , \frac{\partial \phi}{\partial y} = \frac{\frac{1}{x}}{[1+\left(\frac{y}{x}\right)^2]} + \frac{y}{x^2+y^2}. \quad \text{If paths}$$

such as the logarithmic spiral $\frac{\Delta y}{\Delta x} = k$ (p.148)

exist,from **(a)**(p.96), $\quad k(\frac{-y+x}{x^2+y^2}) = \frac{x+y}{x^2+y^2}$ or

$$k=\frac{1+\tan\left(\frac{\vartheta}{\beta}\right)}{1-\tan\left(\frac{\vartheta}{\beta}\right)} \Rightarrow \tan\frac{\vartheta}{\beta}=\frac{k-1}{k+1} \text{ .At k=2, } \tan\frac{\vartheta}{\beta}=1/3 \text{ (p.93) } \Rightarrow$$

$\frac{\vartheta}{\beta} =$**18**°.43494881$\pm$ n **180** ; 18+180=**198**.

Exercise:Put k=1 .

A drag from the sun

One thinks of the sun's mass as it were concentrated
in its center.Then on the surface of this star the gravi
ty is measured through

$$g_{sun} = G\frac{m_{sun}}{(R_{sun})^2} \text{ , where}[17] \text{ G=6.67}(10^{-8})\frac{Dyne \; cm^2}{gram^2}$$

$m_{sun} = 2(10^{33})gram$; $R_{sun} = 695990$ Km .
 The Earth's distance from the sun is 149.6(10^6)Km,
while for Mercury the analogous distance[18] is
 d= 0.39(146.9)(10^6)Km==58.334 10^6Km .The radius
(=r) of the inner planet is 0.39(6371)Km,thus
d-r=(58344000-2484.69)=58341515.31Km$\cong$
5.83(10^{13}) cm.$\Rightarrow$ $(d-r)^2 \cong 33.9889(10^{26})$;
The sun's action in the neighbourhood of Mercury

is given by
$$g'_{sun} = 6.67(10^{-8})\frac{2(10^{33})}{(d-r)^2} \cong$$
$0.392(10^{-1})\frac{dyne}{gram} \cong 0.04 \cong \frac{cm}{sec^2}$,because $\frac{F}{m} = a$.

One should have an equal constant acceleration 24000 hours to cover in a free fall

$\frac{1}{2}0.0004[24000(3600)]^2 = 1492992(10^6)$ m $\cong$ 14.92(10^6) Km.

The situation changes if the attraction comes from a globular cluster(p.36).In fact such an ensemble could encompass even a million[19] stars into a spherical spa-ce whose diameter is less than 150 light years.

What gain could be achieved freely falling along an intergalactic axis (p.76)?

Yperspace(six variables)
Although one talks about Mars,at present one should also inquire about what happens in a wider space as respect to that where planets are orbiting.Three rec-tangles that cut one another mutually[20] at 90°, with - their vertices, give rise to a regular solid bounded - with triangles if between the sides of a single rectan - gle there is a ratio such that $u^2 - v^2$ =uv .

Contemporarily[21] one has $r^5 = s^3 = (rs)^2 = I$(p.66).

To the subspace with three dimension given by $A =$

$$\begin{bmatrix} 0 & -1 & 0 \\ 0 & 0 & -1 \\ 1 & 0 & 0 \end{bmatrix}, \text{one can substitute } B = \begin{bmatrix} 0 & -1 & -m \\ m & 0 & -1 \\ 1 & m & 0 \end{bmatrix};$$

the order in the product of these two matrices does not change result;they commute ,i.e. AB=BA .Thus with only three

dimensions one obtains $\begin{bmatrix} -\lambda & -1 & -m \\ m & -\lambda & -1 \\ 1 & m & -\lambda \end{bmatrix} = 0$, if

m=2 , λ=-1and $\lambda = \dfrac{1 \pm i\sqrt{27}}{2}$ .Recalling that $s^3 = r^5$ in the remaining space(= subspace)we consider multi̲ples of the product

|cos120°cos72°|=0.151408497=x (mm.) as a trial,and having drawn an eptagon identified through a couple of stars ,close to one another ,both aligned with the -main source of force,one gets the quantum levels (for stars) shown in the table below.The levels of the two stars are laying at 41.7 mm and 42.4 mm from the -source (fig 8,p.100).

n	10nx	n	10nx	n	10nx
9	13.9	27	41.7	39	60.3
12	19.5	31.5	48.6	62.75	*95.008=galaxy
13	20.9	36.5	*56.4=galaxy		

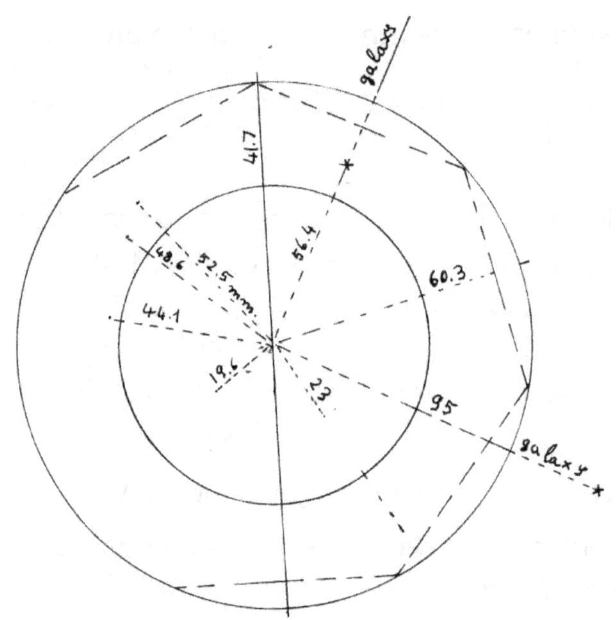

Fig.8-Yperspace[22]with six variables.

By th use of $\lambda = \dfrac{1\pm i\sqrt{27}}{2}$ =$\varrho e^{\pm i\varphi}$, φ=79°.10660535 and ϱ=$\sqrt{7}$,in a subspace,the trace is obtained with their addition:Trace =$\sqrt{7}$ $2cos$ 79°.10660535=
=0.999999859=3(0.333333286)=3f

181f≅**60**.33 ; 125 f ≅ **41**.66 ⇒ $(181 - 125) = 56$
and one finds more points:
 [If a linear system has two solutions,their difference (181-125)is solution too]

n	181+n56	⇒f(181+n56)	n	181+n56	⇒f(181+n56)
7.25	587	195.66	22.75	1492	484.9
9.25	699	232.9≅23	25	1581	526.9
11	796	265.6	27	1693	564.3
20.5	1329	442.9≅ 44.1	47.75	2855	951.6

Exercise:Regular eptagon's side

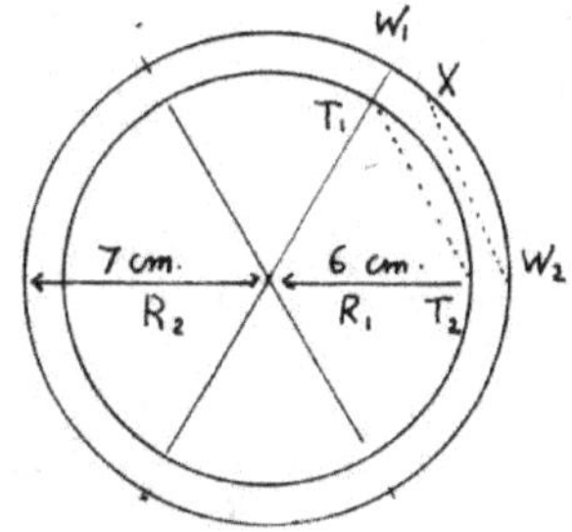

Fig.9- In the circles ,the radia are proportional to correspondent chords; $XW_2 = T_1T_2$ (=eptagon's side).Actually ,

$$\frac{R_2}{R_1} = \frac{W_1W_2}{T_1T_2} = \frac{7}{6}, \text{ whence } \frac{W_1W_2-T_1T_2}{T_1T_2} = \frac{1}{6}, \text{or } \frac{XW_1}{XW_2}=\frac{1}{6}.$$

Thus $XW_2 =6(XW_1)$.Collecting from the six sectors six pieces equal to XW_1 one gets the sought lacking side.

Superposition of spaces

$$R=A^2(1-\cos\psi)/2 \quad ; \quad R=A^2(\cosh\psi-1)/2$$

are the famous Friedmann equations[23] .In order to have the superposition of two different spaces one puts $\quad 1\text{-}\cos\psi = k(\cosh\psi-1)$

[or $\cosh\psi = \dfrac{1-\cos\psi}{k}+1$] and the derivative is $\sin\psi = k\sinh\psi$.Taking

into account $\cosh^2\psi-\sinh^2\psi=1 \quad$ or

$$\left(\frac{1+\cos^2\psi-2\cos\psi}{k^2}+1+2\frac{1-\cos\psi}{k}\right)-\frac{\sin^2\psi}{k^2}=1$$

$$\Rightarrow 2\frac{\cos^2\psi}{k^2}-2\cos\psi\left(\frac{1}{k^2}+\frac{1}{k}\right)+\frac{2}{k}=0$$

$$2\cos^2\psi-2\cos\psi(1+k)+2k=0$$

with solution $\cos\psi = \dfrac{(k+1)\pm(k-1)}{2}=\begin{cases}k\\1\end{cases}$ in agreement

with $\sin\omega t=0$ of the flying disk(p.84).

Hurricane Katrina[24] (p.14)

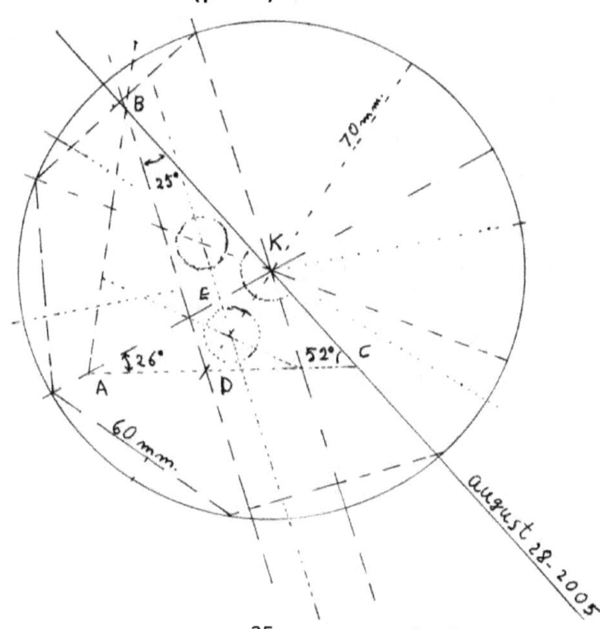

Fig.10-BCD,AED,ABC are[25] L.Danzer' tiles.

Exercise[26]:a Weyl's formula

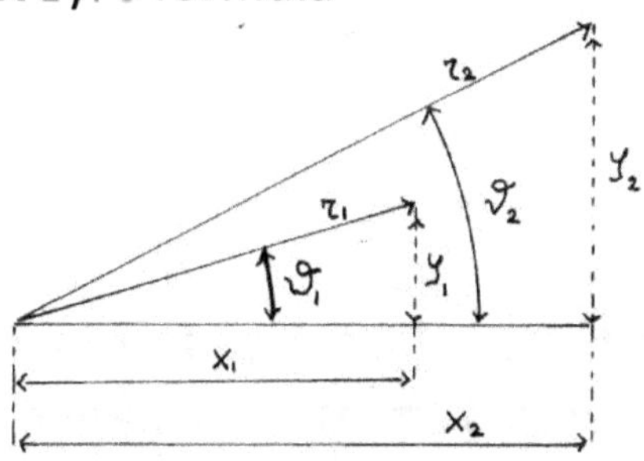

Fig.11-Cartesians coordinates in a trigonometric function.

$$cos\vartheta_1 = \frac{x_1}{\sqrt{x_1^2+y_1^2}} \quad cos\vartheta_2 = \frac{x_2}{\sqrt{x_1^2+y_1^2}} \quad sin\vartheta_1 = \frac{y_1}{\sqrt{x_2^2+y_2^2}}$$

$$sin\vartheta_2 = \frac{y_2}{\sqrt{x_2^2+y_2^2}}$$

$$\Rightarrow \frac{x_1x_2-y_1y_2}{\sqrt{x_1^2+y_1^2}\sqrt{x_2^2+y_2^2}} = cos\vartheta_1 cos\vartheta_2 - sin\vartheta_1 sin\vartheta_2$$

$$=cos(\vartheta_1 + \vartheta_2) \ .$$

Storm[27] on August 27-2011

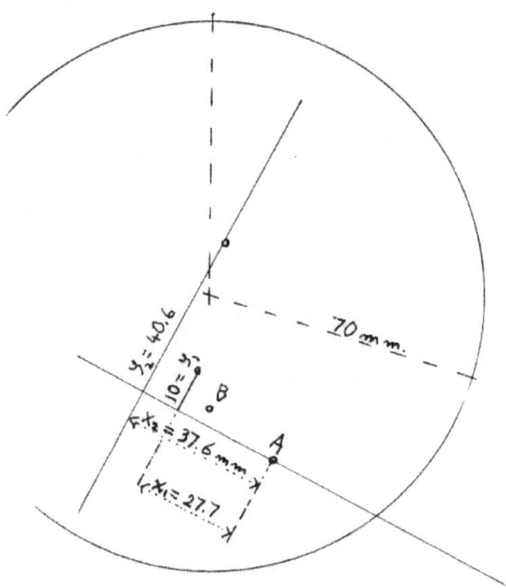

Fig.12-During the displacement from A(=Haiti) to Cuba(=B) one obtains τ , the constant of it.
Scale 17mm⟺ 636.734Km [28];10mm ≡374.5494118,
$$y_2 = ae^{\tau x_2} \quad y_1 = ae^{\tau x_1} \Rightarrow \tau= (\ln\tfrac{y_2}{y_1})/(x_2 - x_1)=0.141533634.$$

References

1-P.Brookesmith – UFO –The complete Sightseeings -
New York-Barnes & Noble Ed. 1955,p.161.

2-J.A.Hynek J.Von Allee-UFO Realtà Di Un Fenomeno
-Milano(Italy)-Edizioni Armenia 1979;or Scientific A -
merican-June 1955,p.19.

John S.Lewis-Physics and Chemistry of the solar sys -
tem (Cover)-Academic Press 1995-New York.

Wil Snitjer- Radio Controll Helicopters For The Practi -
cal Modelflyer -Guilford-England-R.M.Books 1983.

3-G.Källen-Elementary Particle Physics-London-Wes -
ley Publishing Company Inc. 1964,p.511.

L.I.Shiff-Quantum Mechanics-New York- Mc Graw Hill
Book Company -1955,p.203.E.Fermi-Notes On Quan -
tum Mechanics - University Of Chicago Press 1955,
p.76

4-E. Cartan-The Theory Of Spinors -New York- Dover
Publications Inc. 1981,p.72.

5-A.Ghizzetti-Complementi Ed Esercizi Di ANALISI MA
TEMATICA-Volume 2°-Quarta Edizione 1966-67-Roma
(Italy)-Libreria Eredi Virgilio Veschi-Viale dell'Universi
tà 7,p.437.

6- R.Bonola- Geometria Non Euclidea -Bologna (Italy)
-Zanichelli Ed.

7-K.Croswell-Lone star Infants-in the magazine "Astro
nomy" February 1966,p.37

8- P.Brookesmith – Ufo – The Complete Sightseeings -New York-Barnes - & Noble Editions 1955

9- IL MATTINO (newspaper) – Napoli(Italy)-28 Agosto 2006.

10-E.Kreyszig- Differential Geometry-New York-Dover Publications-Inc. 1991,p.247.

11-C.Kittel- Introduction To Solid State Physics-New York - John Wiley & Sons Ed.- Seventh Edition 1996, p.182.M.Cini –Meccanica delle Particelle Torino(Italy) Ed. UTET.

12-M.J.Rees-Black Holes In Galactic Centers-Scientific American-November 1990,p.29.

13-G.D.Bothum- The Ghostiest Galaxies- Scientific - American February 1997,p.42

14-D.Barklay & T.M. Barklay- UFO's The Final Answer? London-Brandford Editions 1994.

15-G.Herzberg –Atomic Structures -New York- Dover Publications Inc.

16-Scienza E Vita (magazine) -Milano (Italy) 9 Settem bre 1992,p.34.

17- G.Romano- Introduzione all' Astronomia–Padova (Italy)-Franco Muzzio Editore-1985.

18-M.Cavedon -Astronomia-Milano(Italy)-Mondadori Ed.1980 p.125, p.126.

19-Ivan R. King- Globular Clusters- Scientific American June1985,p.76.

Patrick Moore-il Guinness dell'Astronomia-Biblioteca Universale Rizzoli-Milano(Italy)1990,p.225.

20-M.Gardner-Enigmi E Giochi Matematici-Volume 2° - Firenze (Italy) -Sansoni Ed. 1961,p.60.

21-M.Senechal - Quasicrystals And Geometry - New York- Cambridge University Press 1955,p.64.

22-Le Scienze –Milano (Italy)-Aprile 2007,p.40 (=trans lated Scientific American).

23-J.Foster J.D.Nightingale- A Short Course In General Relativity,New York-Springer Verlag 1995,p.184 .

24-TIME- Nature's Extremes- Time Inc. 1271 Avenue of Americas-New York-20020(cover).

25- M.Senechal – Quasicrystals and Geometry- New York- Cambridge University Press,p.219.

26-H.Weyl-Space Time Matter-New York-Dover Publi cations Inc.

27-La Stampa (newspaper) – Torino (Italy) 27 Agosto 2011,p.2.   –

28- The World Almanac and Book of Facts 1997- Inter national BLVD-444,Mahawah-N.J. 07495 U.S.A.,p.485.

29-M.Senechal-Quasicrystals And Geometry-Cambrid ge University Press-New York 1995.p.46.

30-John G. Hocking G. Gali S. Young- Tolopogy- Dover Publications Inc.-New York 1988,p.363.

Top quark and fundamental particles

Preamble

In few pages we here have the expressions needed as an introduction to a scientific research about the forces.Many people look for a modern and accurate thecnical survey to have an overall view of the field since a long time.As a new contribution the author suggests an antisymmetric connection $\Gamma_{li}^{k} = \dfrac{\partial g_{kl}}{\partial x_i} = g_{kl,i}$ and dynamic variables (Y , I_3) in 4x4 matrices (p.15;p.17).It's a starting point for further inquiries. Liberi(Villa)-81040 Caserta(Italy)-September 2005.

Helicity(=h)

With a suitable choice of phase the helicity is given by

$h=\dfrac{\dot{x}}{\sqrt{\dot{x}^2+\dot{y}^2}}$ (p.109) .

To see a periodic behaviour of h,we put x=$\vartheta cos\vartheta$ y=$\vartheta sin\vartheta$; thus $h=\dfrac{cos\vartheta-\vartheta sin\vartheta}{\vartheta}$ $at\ h = 1$ $\vartheta = \dfrac{cos\vartheta}{1+sin\vartheta}$

$$h{=}0 \qquad \vartheta{=}\dfrac{1}{tan\vartheta}$$

$$h{=}{-}1 \quad \vartheta = \dfrac{cos\vartheta}{sin\vartheta-1}$$. When

the helicity undergoes an upside down change ,

$$\Delta\vartheta = \left|\dfrac{cos\vartheta}{1+sin\vartheta} - \dfrac{cos\vartheta}{sin\vartheta-1}\right| \Rightarrow cos\vartheta = \dfrac{2}{\Delta\vartheta} = \dfrac{2}{\Delta r} \ ,$$

where $\Delta r = \sqrt{x^2 + y^2}$. In practice one draws a line whose origin is the examined source of force; then -

measuring a suitable Δr on it,this formula gives gro<u>w</u>ing values for cos ϑ,i.e. the different values
ϑ= r = (distances from the center).

By definition ,h=$(\sigma_x \dot{x} + \sigma_y \dot{y})/\sqrt{\dot{x}^2 + \dot{y}^2}$;where σ_x and σ_y are the 2x2 Pauli matrices.

Setting of h

One puts in a table the values   x= $\vartheta cos\vartheta$
y=$\vartheta sin\vartheta$, with ϑ=498$\pm k60$ and specifies [1] the val<u>u</u>es zero and one at definite points of the path at hand (Fig.2;p.89).

ϑ	x=$\vartheta cos\vartheta$	y=$\vartheta sin\vartheta$	$\dfrac{24\vartheta}{498}$	h
498	-370.09	+333.23		
558	-550.69	-172.4	$\dfrac{24(558)}{498}$= 27	0
618	-128.49	-604.5	$\dfrac{24(618)}{498}$=<u>30mm.</u>	
678	+503.85	-453.67		32.67
738	- 701.88	+228.05		35.56 1
993	+51.96	-991.6		47.85$\cong$<u>48</u>
1458	+473.73	+450.54		70.26$\cong$<u>70</u>
2615.5	-250.68	+2603		126.04
14566.5	-590.16	+300.48		702 mm

Matrices for spin

At each value of the spin corresponds a matrix,i.e. a different system of equations.The spin assumes the figures $\frac{1}{2}, 1, \frac{3}{2}$...From the second and third power of the matrix $\begin{vmatrix} a & 1 \\ 0 & a^{-1} \end{vmatrix}$, respectively given by

$$\begin{vmatrix} a^2 & a+a^{-1} \\ 0 & a^{-2} \end{vmatrix} \quad \begin{vmatrix} a^3 & a^2+1+a^{-2} \\ 0 & a^{-3} \end{vmatrix},$$

where $a=e^{2is\vartheta}$,one gets $e^{i\vartheta}+e^{-i\vartheta}=2\cos\vartheta$ at $s=\frac{1}{2}$

$$e^{2i\vartheta}+1+e^{-2i\vartheta}=1+2\cos2\vartheta \quad \text{if s=1}$$

and so on[2].

One puts these expressions as traces of multidimen - sional matrices, 2x2,3x3 ….. The trace of a matrix is - the sum of the numbers of its main diagonal and it's called character. Example:matrices 2x2

$$A^{\frac{1}{2}}_{m'm}=\begin{vmatrix} \cos\beta & x \\ y & \cos\beta \end{vmatrix}.$$ The matrix[3] must

have the property $A\,A^+=I$,where A^+ is obtained by changing rows with columns.

$$\begin{vmatrix} \cos\beta & x \\ y & \cos\beta \end{vmatrix}\begin{vmatrix} \cos\beta & y \\ x & \cos\beta \end{vmatrix}=$$

$$\begin{vmatrix} \cos^2\beta+x^2 & y\cos\beta+x\cos\beta \\ y\cos\beta+x\cos\beta & y^2+\cos^2\beta \end{vmatrix};\Rightarrow \text{ x=-y and}$$

trace$=2=2(\cos^2\beta+x^2)$.

Matrices 3x3.

Thinking to a rotation, one borrows its trace(related to the previously seen characters)

$$\begin{bmatrix} \cos\vartheta & 0 & \sin\vartheta \\ 0 & 1 & 0 \\ -\sin\vartheta & 0 & \cos\vartheta \end{bmatrix} \Rightarrow = \begin{bmatrix} \dfrac{1+\cos\vartheta}{2} & x & y \\ w_2 & \cos\vartheta & -w_1 \\ y^+ & -x & \dfrac{1+\cos\vartheta}{2} \end{bmatrix} =$$

$$\begin{bmatrix} f_1 & x & y \\ w_2 & f_2 & -w_1 \\ y^+ & -x & f_3 \end{bmatrix} = \begin{bmatrix} f_1 & 0 & y \\ 0 & f_2 & 0 \\ y^+ & 0 & f_3 \end{bmatrix} + \begin{bmatrix} 0 & x & 0 \\ w_2 & 0 & -w_1 \\ 0 & -x & 0 \end{bmatrix} =$$

M +N. As a first operation one has the constraint - MN = NM which means a point of the space is identi-fied with two different paths:MN=

$$\begin{bmatrix} 0 & f_1 x - xy & 0 \\ f_2 w_2 & 0 & -f_2 w_1 \\ 0 & y^+ x - f_3 x & 0 \end{bmatrix} =$$

$$\begin{bmatrix} 0 & x f_2 & 0 \\ w_2 f_1 - w_1 y^+ & 0 & y w_2 - w_1 f_3 \\ 0 & -x f_2 & 0 \end{bmatrix} .\text{This equality}$$

entails

$$f_1 x - xy = x f_2 \Rightarrow y = f_1 - f_2 = \frac{1+\cos\vartheta}{2} - \cos\vartheta =$$

$$\frac{1-\cos\vartheta}{2}, \; y^+ x - f_3 x = -f_2 x \Rightarrow y^+ = f_3 - f_2 = f_1 - f_2 = y$$

$$y w_2 - w_1 f_3 = -f_2 w_1 \Rightarrow w_1(f_3 - f_2) = y w_2 ;$$

$$w_1 = w_2 .$$

$$A^1_{m'm} = \begin{bmatrix} \dfrac{1+\cos\vartheta}{2} & x & \dfrac{1-\cos\vartheta}{2} \\ w_1 & \cos\vartheta & -w_1 \\ \dfrac{1-\cos\vartheta}{2} & -x & \dfrac{1+\cos\vartheta}{2} \end{bmatrix}$$

The normalisation of the first column is

$$\left(\frac{1+\cos\vartheta}{2}\right)^2 + w_1^2 + \left(\frac{1-\cos\vartheta}{2}\right)^2 = 1$$

$$\Rightarrow w_1^2 = \frac{\sin^2\vartheta}{2}$$

The first row ,with its normalisation, yields $x^2 = w_1^2$.
On the choice of the sign for x depends the orthogonality of two columns of $A^1_{m'm}$;for example :

$$x\,\frac{1+\cos\vartheta}{2} + w_1\cos\vartheta - x\,\frac{1-\cos\vartheta}{2}=0$$

Note:
$$\begin{bmatrix} f_1 & x_1 & y \\ w_2 & f_2 & -w_1 \\ y^+ & x_2 & f_3 \end{bmatrix}\begin{bmatrix} 0 & 0 & 1 \\ 0 & 1 & 0 \\ -1 & 0 & 0 \end{bmatrix} = \begin{bmatrix} -y & x_1 & f_1 \\ w_1 & f_2 & w_2 \\ -f_3 & x_2 & y^+ \end{bmatrix}$$

Top quark

Let's consider the characters

spin $\dfrac{1}{2}$ $\qquad \chi_{\frac{1}{2}} = 2\cos\vartheta$

spin 1 $\qquad \chi_1 = 1 + 2\cos\vartheta$

spin $\dfrac{3}{2}$ $\qquad \chi_{\frac{3}{2}} = 2(\cos\vartheta + \cos3\vartheta)$

spin 2 $\qquad \chi_2 = 2(\cos4\vartheta + \cos2\vartheta) + 1$

From the equality $\quad \chi_2 = k\chi_1$ one has $2cos4\vartheta + (1 + 2cos\vartheta) = k(1 + 2cos2\vartheta)$;

$2cos4\vartheta = (k - 1)(1 + 2cos\vartheta)$ or

$2(cos^2 2\vartheta - 1) = \vartheta k'(1 + 2cos2\vartheta) \Rightarrow cos2\vartheta = $

$\frac{k\prime \pm \sqrt{k\prime^2 + 2(k'+2)}}{2}$,and the solution with k'= -2 is

$cos2\vartheta = 0 \Rightarrow tan\vartheta = \pm 1$.

Introducing $\vartheta = 3\varphi$, $3\varphi = \pm 45 \pm n180$

	-285	-645	-1005	-1335	-1695=t=**top quark**	
-45	-345	-705	-1065	-1395	-1755	-2055
-60	-405	-765	-1125	-1455	-1815	-2115
-105	-465	-825	-1185	-1515	-1875	-2175
-165	-525	-885	-1215	-1575	-1935	-2235
-225	-585	-945	-1275	-1635	-1995=t	-2295=t

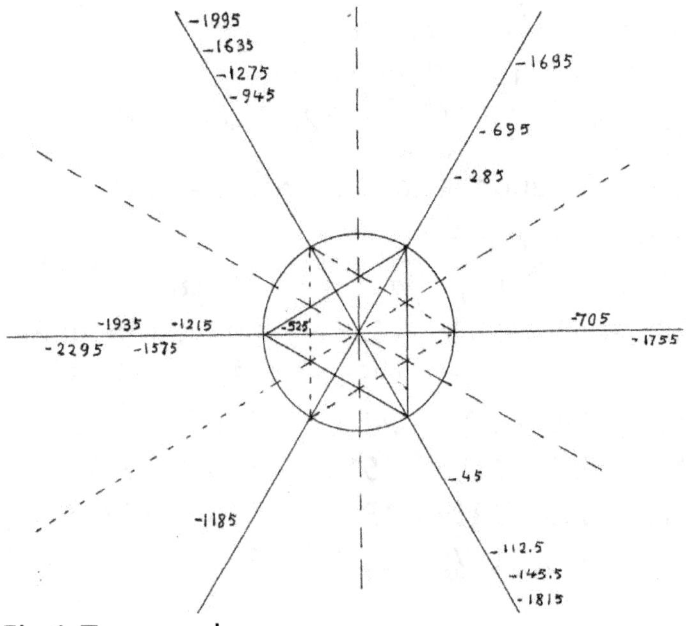

Fig.1-Top quark.

$\tan\vartheta = \pm 1 \quad ; \vartheta = 3\varphi \Rightarrow 3\varphi = \pm 45 \pm n180 \; ;$

$\varphi = 15 - n\, 60$

A group of scientists suggests 175.5 as top quark and this implies a periodic connection between 169.500 - anf 175.500. The phenomenon should be inferred - from the sequence of fig.1.

Fundamental particles

$\vartheta=\pm45\pm n180$ (p.114) ,[another approach(p.150)].

a)Table :   -45+n180 ; -45+180=135

135	4995	9855	14535	19575	24835	29695
315	5175	10035	14715	19755	25015	29875
495	5355	η1021.5	14895	19935	25195	30055
675	5535	10395	15075	20112	25375	30235
855	5715	10575$\Lambda_{3/2}$	1525.5	20295	25555	30415
1035	5895	10755	15435	20475	25735	30595
1215	6075	10935	15615	20655	25915	30775
1395	6255	11115	15795	20835	26095	30955
1575	6435	11295	15975	21015	26275	31135
1755	6615	11475	16155	21195	26455	31315
1935	6795	11655	16335	21375	26635	31495
2115	6975	11835	16515	21555	26815	31675
2295	7155	12015$\Sigma_{3/2}$	1669.5	21735	26995	31855
2475	7335	12195$N_{5/2}$	1687.5	21915	27175	32035
2655	π751.5	$\Delta^+_{3/2}$1237.5	17055	22095	27355$\Delta_{19/2}$	3221.5
2835	7695	η1255.5	17235	22275	27535	
3015	7875	12735$\Sigma_{5/2}$	1741.5	22455	27715	
3195	8055	12915 $\Sigma_{5/2}$	1759.5	22635	27895	
3375	8235	13095	17775	22815	28075	
3555	8415	1327.5	17955	22995	28255	
3735	8595	13455$\Lambda_{5/2}$	1813.5	23175	28435	
3915	8775	13635	18315	23755$\Delta_{15/2}$	2861.5	
4095	8955	13815	18495	23935	28795	
4275	9135	13995	18615	24115	28975	
4455	9315	14175	18855	24295	29155	
4635	9495	14355	19035	$\Delta_{11/2}$2447.5	29335	
4815	9675	14535	$\Delta_{7/2}$1921.5	24655	29515	

Chew Gell-Mann Rosenfeld –Scientific American Febr . 1964 ,Segré-Nuclei And Particles .Huang, p.312 ;Cornwell,p.251

b)Table* :45+n180

45   2565 5385 7725 10065 **1238.5** 14725 17065

225 **2745** 5565 7905 η**1024.5 1256.5** 14905 17245

405 3405 5745 8085 10425 12740 15085 17425

585 3585 5925 8265   10605 12925$\Lambda_{\frac{3}{2}}$**1526. 1760.5**

945 3765 6105 8445 10785 13105 15445 17785

1125 3945 6285 8625   10965 **1328.5** 15625 17965

1305 4125 6465 8805Λ^0**11145** 13465   15805 $\Lambda_{\frac{5}{2}}$**1814.**

1485 4305 6645 K **898.** 11325 13645   15985

1665 4485 6825 9165   11505 $\Sigma_{\frac{3}{2}}$**1382.5** 16165

1845 4665 7005 9345   11685 14005 16345

2025 **484.5** 7185 9525$\Sigma_1^+{}_{\frac{1}{2}}$**1184.5** 14185 16525

2205 5025 7365 9705   12025 14365 $\Omega_{1\frac{1}{2}}^-$**1670.5**

2385 5205 π**754.** 9885 12205 14545 $N_{\frac{5}{2}}$**1688.5**

Mean values: $\pi^{\pm}$139.5 $\Sigma_{\frac{5}{2}}$1755 ϱ691.5 η781.5

K889.5 Σ^-1193.5 $\Xi_{1\frac{1}{2}}$1319.5 Λ1409.5

In a Huang's proposal different levels for Δ are given by
J=0.15+0.9M^2,with M expressed in GeV and
J=$\frac{3}{2},\frac{7}{2},\frac{11}{2},\frac{15}{2},\frac{17}{2}$ $M^2 =$
$(1.231 GeV)^2, 1.928^2, 2.441^2 2.853^2 3.224^2$.

*Chew Gell-Mann Rosenfeld,ScientificAmerican,February 1964. Huang- Quarks,Leptons & Gauge Fields, 2nd Edition-World Scientific Ed.-New Jersey,London 1992 .

Cabibbo angle

From the product of the following three rotations

$$\begin{bmatrix} c_3 & s_3 & 0 \\ -s_3 & c_3 & 0 \\ 0 & 0 & 1 \end{bmatrix}\begin{bmatrix} c_1 & 0 & s_1 \\ 0 & y & 0 \\ -s_1 & 0 & c_1 \end{bmatrix}\begin{bmatrix} 1 & 0 & 0 \\ 0 & c_2 & s_2 \\ 0 & -s_2 & c_2 \end{bmatrix} =$$

$$= \begin{bmatrix} c_3 & s_3 & 0 \\ -s_3 & c_3 & 0 \\ 0 & 0 & 1 \end{bmatrix}\begin{bmatrix} c_1 & -s_1 s_2 & s_1 c_2 \\ 0 & y c_2 & y s_2 \\ -s_1 & -c_1 s_2 & c_1 c_2 \end{bmatrix} =$$

$$= \begin{bmatrix} c_3 c_1 & -c_3 s_1 s_2 + s_3 y c_2 & c_3 s_1 c_2 + s_3 y s_2 \\ -s_3 c_1 & s_3 s_1 s_2 + c_3 y c_2 & -s_3 c_1 c_2 + c_3 y s_2 \\ -s_1 & -c_1 s_2 & c_1 c_2 \end{bmatrix} ,$$

where $y = e^{i\delta}$,

one extracts the matrix

$$\begin{bmatrix} 0 & -c_3 s_1 s_2 + s_3 y c_2 & c_3 s_1 c_2 + s_3 y s_2 \\ -s_3 c_1 & 0 & 0 \\ -s_1 & 0 & 0 \end{bmatrix} \quad \text{with}$$

$s_3 c_1 = s_1$; $-c_3 s_1 s_2 + s_3 c_2 = c_3 s_1 c_2 + s_3 s_2$.

For complementary angles $c \rightleftarrows s$, which means

$\cos \rightleftarrows \sin$,as $c_3 s_1 = c_1 \Rightarrow \tan\varphi_1 = 1/c_3$;

$-(s_3 c_1)c_2 + c_3 s_2 = (s_3 c_1)s_2 + c_3 c_2$ or

$s_3 c_1(c_2 + s_2) = c_3(s_2 - c_2) \Rightarrow \tan\varphi_3 = \dfrac{\tan\varphi_2 - 1}{c_1(\tan\varphi_2 + 1)}$

The choice $\varphi_3 = 45°$ yields $\tan\varphi_1 = \sqrt{2}$,

$\varphi_1 = 54°.73561032 \pm k180°$;$|\varphi_1 - 180°| = 125°.264\ldots$

The Cabibbo angle is $\Phi = \dfrac{1}{10}|\varphi_1 - 180°|$

Clebsch-Gordan coefficients with $j=\frac{5}{2}$

For the unitary group on two variables it's necessa-
ry to introduce the vectors $\Lambda_{jm} = \dfrac{z_1^{j+m}\,z_2^{j-m}}{\sqrt{(j+m)!(j-m)!}}$ as bases[6] at different values for the spins; and $j\leq m \leq +j$.
Then, if j=1 one gets

$$\frac{z_1^2}{\sqrt{2}}\quad z_1 z_2 \quad \frac{z_2^2}{\sqrt{2}} \iff \left|\begin{matrix}1\\1\end{matrix}\right|\left|\begin{matrix}1\\0\end{matrix}\right|\left|\begin{matrix}1\\-1\end{matrix}\right| \iff \pi^+ \ \pi^0 \ \pi^-$$

Analogously , with j=3/2

$$\frac{z_1^3}{\sqrt{6}}\ \frac{z_1^2 z_2}{\sqrt{2}}\ \frac{z_1 z_2^2}{\sqrt{2}}\ \frac{z_2^3}{\sqrt{6}} \iff \left|\begin{matrix}3/2\\3/2\end{matrix}\right|\ \left|\begin{matrix}3/2\\1/2\end{matrix}\right|\left|\begin{matrix}3/2\\-1/2\end{matrix}\right|\left|\begin{matrix}3/2\\-3/2\end{matrix}\right|$$

By definition $\left|\begin{matrix}5/2\\5/2\end{matrix}\right| = \left|\begin{matrix}1\\1\end{matrix}\right|\left|\begin{matrix}3/2\\3/2\end{matrix}\right|$ and under a linear
transformation of the three bases, this equality beco -
mes $\dfrac{(az_1+bz_2)^5}{\sqrt{8(15)}} = \dfrac{(aw_1+bw_2)^2}{\sqrt{2}}\dfrac{!an_1+bn_2)^3}{\sqrt{6}} =$

$(a^2\left|\begin{matrix}1\\1\end{matrix}\right| + b^2\left|\begin{matrix}1\\-1\end{matrix}\right| + \sqrt{2}ab\left|\begin{matrix}1\\0\end{matrix}\right|)\cdot$

$(a^3\left|\begin{matrix}3/2\\3/2\end{matrix}\right| + \sqrt{\frac{3}{2}}\,a^2 b\sqrt{2}\left|\begin{matrix}3/2\\1/2\end{matrix}\right| + \sqrt{3}\,ab^2\left|\begin{matrix}3/2\\-1/2\end{matrix}\right| + b^3\left|\begin{matrix}3/2\\-3/2\end{matrix}\right|]$;

$$\frac{(az_1+bz_2)^5}{\sqrt{8(15)}} = \frac{1}{\sqrt{8(15)}}(a^5 z_1^5 +$$

$+5a^4 b z_1^4 z_2 + 10a^3 b^2 z_1^3 z_2^2 + 10a^2 b_3 z_1^2 z_2^3 +$

$5ab^4 z_1 z_2^4 + b^5 z_2^5)$.

The comparison of similar terms at both members of the equality reveals that $\left|\begin{matrix}5/2\\5/2\end{matrix}\right| = \frac{z_1^5}{\sqrt{8(15)}} = \left|\begin{matrix}1\\1\end{matrix}\right|\left|\begin{matrix}3/2\\3/2\end{matrix}\right|$

$$\frac{5}{\sqrt{8(15)}}z_1^4 z_2 = \left|\begin{matrix}1\\1\end{matrix}\right|\sqrt{3}\left|\begin{matrix}3/2\\1/2\end{matrix}\right| + \sqrt{2}\left|\begin{matrix}1\\0\end{matrix}\right|\left|\begin{matrix}3/2\\3/2\end{matrix}\right|$$

$$\Rightarrow \frac{z_1^4 z_2}{2\sqrt{6}} = \sqrt{\frac{3}{5}}\left|\begin{matrix}1\\1\end{matrix}\right|\left|\begin{matrix}3/2\\1/2\end{matrix}\right| + \sqrt{\frac{2}{5}}\left|\begin{matrix}1\\0\end{matrix}\right|\left|\begin{matrix}3/2\\3/2\end{matrix}\right|$$

$$\frac{10}{\sqrt{8(15)}}z_1^3 z_2^2 = \sqrt{3}\left|\begin{matrix}1\\1\end{matrix}\right|\left|\begin{matrix}3/2\\-1/2\end{matrix}\right| + \left|\begin{matrix}1\\-1\end{matrix}\right|\left|\begin{matrix}3/2\\3/2\end{matrix}\right| + \sqrt{6}\left|\begin{matrix}1\\0\end{matrix}\right|\left|\begin{matrix}3/2\\1/2\end{matrix}\right|$$

$$\Rightarrow \frac{z_1^3 z_2^2}{2\sqrt{3}} = \sqrt{\frac{3}{10}}\left|\begin{matrix}1\\1\end{matrix}\right|\left|\begin{matrix}3/2\\-1/2\end{matrix}\right| + \sqrt{\frac{1}{10}}\left|\begin{matrix}1\\-1\end{matrix}\right|\left|\begin{matrix}3/2\\3/2\end{matrix}\right| + \sqrt{\frac{6}{10}}\left|\begin{matrix}1\\0\end{matrix}\right|\left|\begin{matrix}3/2\\1/2\end{matrix}\right|$$

$$\frac{10}{\sqrt{8(15)}}z_1^2 z_2^3 = \left|\begin{matrix}1\\1\end{matrix}\right|\left|\begin{matrix}3/2\\-3/2\end{matrix}\right| + \sqrt{6}\left|\begin{matrix}1\\0\end{matrix}\right|\left|\begin{matrix}3/2\\-1/2\end{matrix}\right| + \sqrt{3}\left|\begin{matrix}1\\-1\end{matrix}\right|\left|\begin{matrix}3/2\\1/2\end{matrix}\right|$$

$$\frac{1}{2\sqrt{3}}z_1^2 z_2^3 = \sqrt{\frac{1}{10}}\left|\begin{matrix}1\\1\end{matrix}\right|\left|\begin{matrix}3/2\\-3/2\end{matrix}\right| + \sqrt{\frac{6}{10}}\left|\begin{matrix}1\\0\end{matrix}\right|\left|\begin{matrix}3/2\\-1/2\end{matrix}\right| + \sqrt{\frac{3}{10}}\left|\begin{matrix}1\\-1\end{matrix}\right|\left|\begin{matrix}3/2\\1/2\end{matrix}\right|$$

$$\frac{5}{\sqrt{8(15)}}z_1 z_2^4 = \sqrt{2}\left|\begin{matrix}1\\0\end{matrix}\right|\left|\begin{matrix}3/2\\-3/2\end{matrix}\right| + \sqrt{3}\left|\begin{matrix}1\\-1\end{matrix}\right|\left|\begin{matrix}3/2\\1/2\end{matrix}\right|$$

$$\Rightarrow \frac{z_1 z_2^4}{2\sqrt{6}} = \sqrt{\frac{2}{5}}\left|\begin{matrix}1\\0\end{matrix}\right|\left|\begin{matrix}3/2\\-3/2\end{matrix}\right| + \sqrt{\frac{3}{5}}\left|\begin{matrix}1\\-1\end{matrix}\right|\left|\begin{matrix}3/2\\-1/2\end{matrix}\right| ;$$

$$\frac{z_2^5}{\sqrt{8(15)}} = \left|\begin{matrix}1\\-1\end{matrix}\right|\left|\begin{matrix}3/2\\-3/2\end{matrix}\right|$$

The C.G. coefficients just found are shown in the table[8]:

$m_1\,m_2$	$\left|\begin{smallmatrix}J\\M\end{smallmatrix}\right|$ $\left|\begin{smallmatrix}5/2\\5/2\end{smallmatrix}\right|$	$\left|\begin{smallmatrix}5/2\\3/2\end{smallmatrix}\right|$	$\left|\begin{smallmatrix}3/2\\3/2\end{smallmatrix}\right|$	$\left|\begin{smallmatrix}5/2\\1/2\end{smallmatrix}\right|$	$\left|\begin{smallmatrix}3/2\\1/2\end{smallmatrix}\right|$	$\left|\begin{smallmatrix}1/2\\1/2\end{smallmatrix}\right|$
$\left|1\right \rangle\left|3/2\right\rangle\;\left|1\right\rangle\left|3/2\right\rangle$	1					
$\left|1\right\rangle\left|3/2\right\rangle\;\left|0\right\rangle\left|3/2\right\rangle$		$\sqrt{\tfrac{2}{5}}$	x			
$\left|1\right\rangle\left|3/2\right\rangle\;\left|1\right\rangle\left|1/2\right\rangle$		$\sqrt{\tfrac{3}{5}}$	y			
$\left|1\right\rangle\left|3/2\right\rangle\;\left|-1\right\rangle\left|3/2\right\rangle$				$\sqrt{\tfrac{1}{10}}$	y_1	z_1
$\left|1\right\rangle\left|3/2\right\rangle\;\left|0\right\rangle\left|1/2\right\rangle$				$\sqrt{\tfrac{6}{10}}$	y_2	z_2
$\left|1\right\rangle\left|3/2\right\rangle\;\left|1\right\rangle\left|-1/2\right\rangle$				$\sqrt{\tfrac{3}{10}}$	y_3	z_3

$m_1\,m_2$	$\left|\begin{smallmatrix}J\\M\end{smallmatrix}\right|$ $\left|\begin{smallmatrix}5/2\\-1/2\end{smallmatrix}\right|$	$\left|\begin{smallmatrix}3/2\\-1/2\end{smallmatrix}\right|$	$\left|\begin{smallmatrix}1/2\\-1/2\end{smallmatrix}\right|$	$\left|\begin{smallmatrix}5/2\\-3/2\end{smallmatrix}\right|$	$\left|\begin{smallmatrix}3/2\\-3/2\end{smallmatrix}\right|$	$\left|\begin{smallmatrix}5/2\\-5/2\end{smallmatrix}\right|$
$\left|1\right\rangle\left|3/2\right\rangle\;\left|-1\right\rangle\left|1/2\right\rangle$	$\sqrt{\tfrac{3}{10}}$	p_1	n_1			
$\left|1\right\rangle\left|3/2\right\rangle\;\left|0\right\rangle\left|-1/2\right\rangle$	$\sqrt{\tfrac{6}{10}}$	p_2	n_2			
$\left|1\right\rangle\left|3/2\right\rangle\;\left|1\right\rangle\left|-3/2\right\rangle$	$\sqrt{\tfrac{1}{10}}$	p_3	n_3			
$\left|1\right\rangle\left|3/2\right\rangle\;\left|-1\right\rangle\left|-1/2\right\rangle$				$\sqrt{\tfrac{3}{5}}$	z	
$\left|1\right\rangle\left|3/2\right\rangle\;\left|0\right\rangle\left|-3/2\right\rangle$				$\sqrt{\tfrac{2}{5}}$	t	
$\left|1\right\rangle\left|3/2\right\rangle\;\left|-1\right\rangle\left|-3/2\right\rangle$						1

$$\sqrt{\frac{2}{5}}x+\sqrt{\frac{3}{5}}y=0, x^2+y^2=1 \Rightarrow y=-\sqrt{\frac{2}{5}} \; ; x=\sqrt{\frac{3}{5}} \,, z=$$

$$\sqrt{\frac{2}{5}}, t=-\sqrt{\frac{3}{5}}.$$

After the following rotation around the z axis

$$\begin{bmatrix} 0 & 0 & 1 \\ 0 & 1 & 0 \\ -1 & 0 & 0 \end{bmatrix}\begin{bmatrix} \sqrt{1/10} & y_1 & z_1 \\ \sqrt{6/10} & y_2 & z_2 \\ \sqrt{3/10} & y_3 & z_3 \end{bmatrix} = \begin{bmatrix} \sqrt{3/10} & y_3 & z_3 \\ \sqrt{6/10} & y_2 & z_2 \\ -\sqrt{1/10} & -y_1 & -z_1 \end{bmatrix},$$

because of the symmetry in the resultant matrix,

$$-z_1 = k\sqrt{\frac{3}{10}} \text{ where k<0 }, \; z_3 = -k\sqrt{\frac{1}{10}} \text{ and}$$

$$z_1\sqrt{\frac{3}{10}}+z_2\sqrt{\frac{6}{10}}+z_3\sqrt{\frac{3}{10}}=0 \; ; \; z_1^2+z_2^2+z_3^2 = 1.$$

The use of the above figures of z_1 and z_3 in these equalities yields

$$-k\sqrt{\frac{3}{10}}+z_2\sqrt{\frac{6}{10}}-k\frac{\sqrt{3}}{10}=0 \; \Rightarrow k^2 = 5z_2^2$$

$$k^2\frac{3}{10}+z_2^2+\frac{k^2}{10}=1 \qquad \Rightarrow k^2\frac{2}{5}=1-z_2^2$$

and one has the ratio $\qquad \dfrac{2}{5}=\dfrac{1-z_2^2}{5z_2^2} \qquad z_2=$

$$\pm\frac{1}{\sqrt{3}} \text{ .As a result k}=-\sqrt{\frac{5}{3}} \; ; \; z_1=\frac{1}{\sqrt{2}} \,, \; z_3=\frac{1}{\sqrt{6}} \; .$$

The third column of the matrix is orthogonal to the first;hence $z_2 = -1/\sqrt{3}$.

From p. 121 : $\begin{bmatrix} \sqrt{1/10} & y_1 & \sqrt{1/2} \\ \sqrt{3/5} & y_2 & -\sqrt{1/3} \\ \sqrt{3/10} & y_3 & \sqrt{1/6} \end{bmatrix}$ =M with

$MM^+ = I$.

Because of this property of M ,in the product MM^+ one finds always the number one on the main diagonal:

$$\frac{1}{10} + y_1^2 + \frac{1}{2} = 1 \quad ; \quad \frac{3}{5} + y_2^2 + \frac{1}{3} = 1; \frac{3}{10} + y_3^2 + \frac{1}{6} = 1 \quad .$$

We put $\quad y_1 = \sqrt{\frac{2}{5}} \quad , \quad y_2 = \varepsilon_1 \frac{1}{\sqrt{15}} \quad , \quad y_3 = \varepsilon_2 \sqrt{\frac{8}{15}} \quad .$

The product of the first two columns of M is

$\frac{1}{5} + \frac{\varepsilon_1}{5} + \frac{\varepsilon_2}{5} = 0$ when $\epsilon_1 = 1$ and $\varepsilon_2 = -1$. Analogously

$$\begin{vmatrix} \sqrt{\frac{2}{5}} & x \\ \sqrt{\frac{3}{5}} & y \end{vmatrix} \begin{vmatrix} \sqrt{\frac{2}{5}} & \sqrt{\frac{3}{5}} \\ x & y \end{vmatrix} \text{(p.120)}; \frac{2}{5} + x^2 = 1, \frac{3}{5} + y^2 = 1$$

$$\Rightarrow x = \sqrt{\frac{3}{5}} \ , y = -\sqrt{\frac{2}{5}} \ .$$

Application: the particle $\Omega^-(1672)MeV$

In the Table with $j=\frac{5}{2}$,the other expressions depending on $j=\frac{3}{2}$ intervene.So one combines[9] $\frac{1}{2}$ and 1 , which means p=proton and n=neutron with $\pi^+\pi^0\pi^-$ (mesons). We are able to write the first coefficients - soon :

$$\left|\begin{matrix}J\\M\end{matrix}\right|\left|\begin{matrix}3/2\\3/2\end{matrix}\right|\left|\begin{matrix}3/2\\1/2\end{matrix}\right|\left|\begin{matrix}1/2\\1/2\end{matrix}\right|\left|\begin{matrix}1/2\\-1/2\end{matrix}\right|\left|\begin{matrix}3/2\\-1/2\end{matrix}\right|\left|\begin{matrix}3/2\\-3/2\end{matrix}\right|$$

$$\begin{matrix} & & m_1 & m_2 & & & & & \\ p\,\pi^+ & \tfrac{1}{2} & 1 & 1 & & & & & \\ n\pi^+ & -\tfrac{1}{2} & 1 & & \sqrt{\tfrac{1}{3}} & x & & & \\ p\pi^0 & \tfrac{1}{2} & 0 & & \sqrt{\tfrac{2}{3}} & y & & & \\ n\pi^0 & -\tfrac{1}{2} & 0 & & & & z & \sqrt{\tfrac{2}{3}} & \\ p\pi^- & \tfrac{1}{2} & -1 & & & & t & \sqrt{\tfrac{1}{3}} & \\ n\pi^- & -\tfrac{1}{2} & -1 & & & & & & 1 \end{matrix}$$

Similarly to the previous case one puts

$$\left|\begin{matrix}3/2\\3/2\end{matrix}\right| = p\pi^+ = \frac{z_1^3}{\sqrt6} \text{ and therefore}$$

$$\frac{(aw_1+bw_2)^3}{\sqrt6}= (ap+bn)(az_1 + bz_2)^2/\sqrt2 =$$

$$=(ap+bn)(a^2\pi^+ + \sqrt2\,ab\pi^0 + b^2\pi^-) =$$

$$= a^3 p\pi^+ + b^3 n\pi^- +$$

$$+a^2 b(\sqrt2\,p\,\pi^0 + n\pi^+) + ab^2(p\pi^- + \sqrt2\,n\pi^0)$$

By comparison of both members of the equality, one gets

$$n\pi^+ + \sqrt2\,p\pi^0 = \frac{3}{\sqrt6} w_1^2 w_2 \; ;$$

$$\Rightarrow \frac{w_1^2 w_2}{\sqrt{2}} = \frac{1}{\sqrt{3}}\, n\pi^+ + \sqrt{\frac{2}{3}}\, p\pi^0 = \begin{vmatrix} 3/2 \\ 1/2 \end{vmatrix}$$

$$p\pi^- + \sqrt{2}\, n\pi^0 = \frac{3}{\sqrt{6}}\, w_1 w_2^2$$

$$\Rightarrow \frac{w_1 w_2^2}{\sqrt{2}} = \sqrt{\frac{1}{3}}\, p\pi^- + \sqrt{\frac{2}{3}}\, n\pi^0 = \begin{vmatrix} 3/2 \\ -1/2 \end{vmatrix}$$

$x = \sqrt{\frac{2}{3}}$; $y = -\sqrt{\frac{1}{3}}$, $t = -\sqrt{\frac{2}{3}}$, $z = \sqrt{\frac{1}{3}}$ .Then from the table with the C.G. coefficients (p.124)one finds

$$\left|\frac{1}{2}\ \frac{1}{2}\right> = \sqrt{\frac{2}{3}}\, n\pi^+ - \sqrt{\frac{1}{3}}\, p\pi^0 = 0{,}816(139)(939)+$$

-0.577(135)(938)=33439.626$\cong$1672(19.9997)=$\propto$

Ω^-(1672), first predicted by Gell'Mann(Nobel Prize).

$$\left|\frac{1}{2}\ -\frac{1}{2}\right> = \sqrt{\frac{1}{3}}\, n\,\pi^0 - \sqrt{\frac{2}{3}}\, p\,\pi^- = \frac{1}{\sqrt{6}}[\sqrt{2}(135)939 -$$

2(139)(938])

We assume here p=938.25   n=939.5 $\pi^\pm = 139.5$ $\pi^0 = 134.9$[E.Segré].

Thus $\begin{vmatrix} 3/2 \\ 3/2 \end{vmatrix}$=$p\pi^+ \cong 130885.875$;

$$\begin{vmatrix} 3/2 \\ -1/2 \end{vmatrix} = n\pi^- = 131060.2$$

$$\begin{vmatrix} 3/2 \\ 1/2 \end{vmatrix} = \frac{1}{\sqrt{3}}(n\pi^+ + \sqrt{2}p\pi^0) = 179011.5$$

$$\begin{vmatrix} 3/2 \\ -1/2 \end{vmatrix} = \frac{1}{\sqrt{3}}(\sqrt{2}n\pi^0 - p\pi^-) = 179048.5$$

Representation {27}

We consider the base vectors (p.120) :

$$\left|\begin{matrix}5/2\\5/2\end{matrix}\right| = \left|\begin{matrix}3/2\\3/2\end{matrix}\right|\left|\begin{matrix}1\\1\end{matrix}\right| = (130885.875)(139.5)$$

$$\left|\begin{matrix}5/2\\3/2\end{matrix}\right| = \frac{z_1^4 z_2}{2\sqrt{6}} = \sqrt{\tfrac{2}{5}}\left|\begin{matrix}1\\0\end{matrix}\right|\left|\begin{matrix}3/2\\3/2\end{matrix}\right| + \sqrt{\tfrac{3}{5}}\left|\begin{matrix}1\\1\end{matrix}\right|\left|\begin{matrix}3/2\\1/2\end{matrix}\right| = =$$

$$\tfrac{1}{\sqrt{5}}\left[\sqrt{2}(134.9)(130885.8) + \sqrt{3}(139.5)(179011.5)\right]$$

$$\left|\begin{matrix}5/2\\1/2\end{matrix}\right| = \tfrac{1}{\sqrt{10}}\left(\left|\begin{matrix}1\\-1\end{matrix}\right|\left|\begin{matrix}3/2\\3/2\end{matrix}\right| + \sqrt{6}\left|\begin{matrix}1\\0\end{matrix}\right|\left|\begin{matrix}3/2\\1/2\end{matrix}\right| + \sqrt{3}\left|\begin{matrix}1\\1\end{matrix}\right|\left|\begin{matrix}3/2\\-1/2\end{matrix}\right|\right) =$$

$$\tfrac{1}{\sqrt{10}}\left[139.5(130885.8) + \sqrt{3}\ 179048.5 + \sqrt{6}(134.9)179011.5\right]$$

$$\left|\begin{matrix}5/2\\-1/2\end{matrix}\right| = \tfrac{1}{\sqrt{10}}\left(\sqrt{3}\left|\begin{matrix}1\\-1\end{matrix}\right|\left|\begin{matrix}3/2\\1/2\end{matrix}\right| + \left|\begin{matrix}1\\1\end{matrix}\right|\left|\begin{matrix}3/2\\-3/2\end{matrix}\right| + \sqrt{6}\left|\begin{matrix}1\\0\end{matrix}\right|\left|\begin{matrix}3/2\\-1/2\end{matrix}\right|\right)$$

$$\left|\begin{matrix}5/2\\-3/2\end{matrix}\right| = \sqrt{\tfrac{2}{5}}\left|\begin{matrix}1\\-1\end{matrix}\right|\left|\begin{matrix}3/2\\-1/2\end{matrix}\right| - \sqrt{\tfrac{3}{5}}\left|\begin{matrix}1\\0\end{matrix}\right|\left|\begin{matrix}3/2\\-3/2\end{matrix}\right| = 2102119.304$$

$$\left|\begin{matrix}5/2\\-5/2\end{matrix}\right| = \frac{z_2^5}{\sqrt{8(15)}} = \left|\begin{matrix}1\\-1\end{matrix}\right|\left|\begin{matrix}3/2\\-3/2\end{matrix}\right| = (139.5)(131060.2) =$$

18282897.9   -   Complement :
J.Cornwell-Group Theory In Physics -An Introduction-
Academic Press N.Y. 1977,p.251;J.Bernstein- Elemen-
tary Particles and Their Currents-W.H.Freeman& Com
pany -S. Francisco and London 1968, p.236.F.E.Close-
Introduction to Quarks and Partons –Academic Press
- New York 1979, p.46- Chew Gell'Mann Rosenfeld -
Scientific American –February 1964. E.Segrè (Nobel -
Prize) – Nuclei and Particles(original title) or "Nuclei e
Particelle"- Zanichelli-Bologna(Italy) 1966.

Weinberg bosons with 4x4 matrices

The covariant derivative of a vector in the Einstein theory has the expression $\quad A^{\mu}_{;\sigma} = \dfrac{\partial A^{\mu}}{\partial x_{\sigma}} + \Gamma^{\mu}_{\sigma\alpha} \quad .$

In the present work $\Gamma^{k}_{li} = \dfrac{\partial g_{kl}}{\partial x_i} = g_{kl,i}$, where g is given by[10]

$$\|g\| = \begin{bmatrix} 0 & -z & y & x \\ z & 0 & x & -y \\ -y & -x & 0 & -z \\ -x & y & z & 0 \end{bmatrix} .$$

It's the fundamental tensor. With other symbols,the same covariant derivative is $D_{\mu}\phi_{\alpha} = \partial_{\mu}\phi_{\alpha} + g_{\mu\alpha,s}\phi_s = \partial_{\mu}\phi_{\alpha} + g_{\mu\alpha,1}\phi_1 + g_{\mu\alpha,2}\phi_2 + g_{\mu\alpha,3}\phi_3 + g_{\mu\alpha,4}\phi_4$,where

$$g_{\mu\alpha,1} = \begin{vmatrix} 0 & 0 & 0 & 1 \\ 0 & 0 & 1 & 0 \\ 0 & -1 & 0 & 0 \\ -1 & 0 & 0 & 0 \end{vmatrix} \qquad g_{\mu\alpha,2} = \begin{vmatrix} 0 & 0 & 1 & 0 \\ 0 & 0 & 0 & -1 \\ -1 & 0 & 0 & 0 \\ 0 & 1 & 0 & 0 \end{vmatrix}$$

$$g_{\mu\alpha,3} = \begin{vmatrix} 0 & -1 & 0 & 0 \\ 1 & 0 & 0 & 0 \\ 0 & 0 & 0 & -1 \\ 0 & 0 & 1 & 0 \end{vmatrix} \qquad g_{\mu\alpha,4} = \begin{vmatrix} 0 & -\dot{z} & \dot{y} & \dot{x} \\ \dot{z} & 0 & \dot{x} & -\dot{y} \\ -\dot{y} & -\dot{x} & 0 & -\dot{z} \\ -\dot{x} & \dot{y} & \dot{z} & 0 \end{vmatrix}$$

The derivative $D_{\mu}\phi_{\alpha}$ becomes

$$\begin{bmatrix} \phi_{1,x} & -\phi_3 - \dot{z}\phi_4 & \phi_2 + \dot{y}\phi_4 & -\phi_1 - \dot{x}\phi_4 \\ \phi_3 + \dot{z}\phi_4 & \phi_{2,y} & \phi_1 + \dot{x}\phi_4 & -\phi_2 - \dot{y}\phi_4 \\ -\phi_2 - \dot{y}\phi_4 & -\phi_1 - \dot{x}\phi_4 & \phi_{3,z} & -\phi_2 - \dot{z}\phi_4 \\ -\phi_1 - \dot{x}\phi_4 & \phi_2 + \dot{y}\phi_4 & \phi_3 + \dot{z}\phi_4 & \phi_{4,t} \end{bmatrix}$$

Then [11] one writes the square of the following matrix out

$$\begin{bmatrix} 0 & \phi_1 + \dot{x}\phi_4 & -\phi_2 - \ddot{y}\phi_4 \\ -\phi_2 + \dot{x}\phi_4 & 0 & 0 \\ \phi_2 + \dot{y}\phi_4 & 0 & 0 \end{bmatrix}$$

and finds[12] the trace

$T = -4(\phi_2 - \frac{\dot{y}}{\dot{z}}\phi_3)^2 = \text{constant} \propto (\phi_2 - \phi_3)^2$

when $\phi_1 = \phi_2$, $\phi_3 + \dot{z}\phi_4 = 0$ and $\dot{x} = \dot{y} = \dot{z}$.

Let's put [13] $\phi_2 = \sqrt{2}\pi^+$ and $\phi_3 = \pi^0$,with[14] $\pi^+ = (139.580 \pm 0.015)MeV$; $\pi^0 = (134.974 \pm 0.015)MeV$. Multiples such as

$$n(\sqrt{2}\pi^+ - \pi^0)^2 = 3896.497225 (n=integer)$$

yield the levels(=masses) for the fundamental parti̱ cles ; some of them are shown in the Table below .

W^+ n=207∝80.657GeV Λ^0 n=286∝1114.389MeV

$\frac{W^+ + W^-}{2}$ n=210∝81.826 Σ^+ n=**305** ∝ 1188.431

Z^0 n=232 ∝ 90.398GeV Σ^0 n=**306**∝ 1192.328

Z^0 n=238 ∝ 92.7366 Σ^- n=**307** ∝ 1196.224

Δ^{++} n=318 ∝ 1239.086

Higgs boson n=323.5∝126.0516852GeV

Masses=17.4 $e^{k0.011096}$ (p.41).

k=803.5 ⇒17.4$e^{803.5(0.011096)}$ = 129586.8

k=803.48⇒ 17.4$e^{803.48(0.011096)}$=1295158.0=

=upper limit for the Higgs boson(p.145).

Details for C.G. coefficients when $j=\dfrac{5}{2}$

$$\begin{vmatrix} 0 & 0 & -1 \\ 0 & 1 & 0 \\ 1 & 0 & 0 \end{vmatrix} \begin{vmatrix} \sqrt{\dfrac{3}{10}} & p_1 & n_1 \\ \sqrt{\dfrac{6}{10}} & p_2 & n_2 \\ \sqrt{\dfrac{1}{10}} & p_3 & n_3 \end{vmatrix} = \begin{vmatrix} -\sqrt{\dfrac{1}{10}} & -p_3 & -n_3 \\ \sqrt{\dfrac{6}{10}} & p_2 & n_2 \\ \sqrt{\dfrac{3}{10}} & p_1 & n_1 \end{vmatrix}$$

The solving procedure is the same as before.

$$n_1\sqrt{\dfrac{3}{10}} + n_2\sqrt{\dfrac{6}{10}} + n_3\sqrt{\dfrac{1}{10}} = 0 \ ; \ n_1^2 + n_2^2 + n_3^2 = 1$$

$$n_1 = -k\sqrt{\dfrac{1}{10}} \quad k<0 \qquad n_3 = -k\sqrt{\dfrac{1}{10}} \ .\text{Whence}$$

$$-k\dfrac{\sqrt{3}}{10} + n_2\sqrt{\dfrac{6}{10}} - k\dfrac{\sqrt{3}}{10} = 0 \quad | \quad \dfrac{k^2}{10} + n_2^2 + k^2\dfrac{3}{10} = 1 \qquad \text{or}$$

$$\downarrow \qquad\qquad\qquad | \qquad \downarrow$$

$$n_2 = \dfrac{k}{\sqrt{5}} \qquad \text{(a)} \qquad | \qquad n_2^2 = 1 - \dfrac{2k^2}{5}$$

$$n_2^2 = \dfrac{k^2}{5} \qquad\qquad\quad | \qquad \dfrac{n_2^2 - 1}{n_2^2} = -2 \qquad ; \ n_2 = -\dfrac{1}{\sqrt{3}}$$

As a result [from (a)] $\qquad k = -\sqrt{\dfrac{5}{3}} \ ;$

$$n_1 = \sqrt{\dfrac{1}{6}} \ , n_3 = \dfrac{1}{\sqrt{2}}$$

In the product

$$
\begin{bmatrix} \sqrt{\frac{3}{10}} & p_1 & \sqrt{\frac{1}{6}} \\ \sqrt{\frac{6}{10}} & p_2 & -\sqrt{\frac{1}{3}} \\ \sqrt{\frac{1}{10}} & p_3 & \sqrt{\frac{1}{2}} \end{bmatrix}
\begin{bmatrix} \sqrt{\frac{3}{10}} & p_1 & \sqrt{\frac{1}{10}} \\ p_1 & p_2 & p_3 \\ \sqrt{\frac{1}{6}} & -\sqrt{\frac{1}{3}} & \sqrt{\frac{1}{2}} \end{bmatrix}
$$

the unitariety yields $\frac{3}{10} + p_1^2 + \frac{1}{6} = 1$, $p_1 = \frac{8}{15}$

$\frac{6}{10} + p_2^2 + \frac{1}{3} = 1$ $p_2 = \frac{\varepsilon_1}{\sqrt{15}}$, $\frac{1}{10} + p_3^2 + \frac{1}{2} = 1$

$p_3 = \varepsilon_2 \sqrt{\frac{2}{5}}$

From the new product of the first and second column

of the first matrix $\frac{2}{5} + \varepsilon_1 \frac{1}{5} + \varepsilon_2 \frac{1}{5} = 0$ $\varepsilon_1 =$

$\varepsilon_2 = -1$; $p_2 = -\frac{1}{\sqrt{5}}$, $p_3 = -\sqrt{\frac{2}{5}}$

Han-Nambu matrix for the electric charge[16]
Put

$$
\begin{cases}
nv_1 = Av_1 + Bv_2 + Cv_3 \\
mv_2 = B^+v_1 + Dv_2 + Ev_3 \text{ ;hence} \\
pv_3 = C^+v_1 + E^+v_2 + Fv_3
\end{cases}
$$

$$
\begin{cases}
v_1(A - n) = -Bv_2 - Cv_3 \\
v_2(D - m) = -B^+v_1 - E^+v_3 , \\
v_3(F - p) = -C^+v_1 - E^+v_2
\end{cases}
\begin{bmatrix} 0 & -B & -C \\ -B^+ & 0 & 0 \\ -C^+ & 0 & 0 \end{bmatrix}
\begin{bmatrix} v_1 \\ v_2 \\ v_3 \end{bmatrix}
$$

when E=0 and B=C=ib one gets the sought matrix.

References

1-J.A.Hynek J.Von Allee-UFO-Realtà Di Un Fenomeno -Edizioni Armenia-Milano(Italy)1979 (cover); or Scientific American –June 1955.p.19.

2-S.Sternberg-Group Theory and Physics- Cambridge University Press - New York 1995,p.181.

3-M.E.Rose- Elementary Theory of Angular Momen -tum-Dover Publications Inc.-New York 1955,p.234.

4- Kerson Huang- Quarks, Leptons & Gauge Fields-2nd Edition-WorldScientific – Singapore- New Jersey- London 1992,p..114.

5- Kerson Huang-, Quarks,Leptons & Gauge fields-2nd Edition-World Scientific-Singapore-New Jersey-Lon -don 1992-p.119.

6-S.Sternberg- Group Theory and Physics-Cambridge University Press-New York 1995,p.182 .

M.E.Rose,Elementary theory of Angular Momentum-Dover Publications Inc.New York 1955, p.232.

7- S.Sternberg-Group Theory And Physics- Cambridge University Press-New York 1995,p.183

8-E.Segré-Nuclei and Particles(original title)or Nuclei e Particelle-Zanichelli Ed.-Bologna (Italy)1995-p.712 .

9-S.Sternberg -Group Theory And Physics- Cambridge University Press-New York 1995,p.223.

10-A.Einstein-The Meaning of Relativity- MJF Books-New York 1954,p.149;J.Foster J.D.Nightingale-A Short

Course In General Relativity –Springer Verlag - New York 1955.

11-K.Huang-Quarks,Leptons & Gauge-Second Edition-World Scientific - Singapore – New Jersey – London - 1992,p.110 .

12-Ta-Pei Cheng Ling Fong Li- Gauge Theory of Ele - mentary Particle Physics - Problems And Solutions – Oxford - Clarendon Press 2000, p.169.

13-S.Sternberg-Group Theory And Physics-Cambridge University Press-New York 1995,p.222.

14-E.Segré-Nuclei and Particles(original title)or Nuclei E Particelle-Bologna(Italy) – Zanichelli Ed. 1966,p.633.

15- Ta-Pei Cheng Ling-Fong Li-Gauge Theory Of Ele - mentary Particle Physics - Problems And Solution -Ox ford-Clarendon Press-2000 ,p273

16-F.E.Close- An Introduction To Quarks and Partons-Academic Press New York 1979.

Fundamental particles and Higgs boson

Preamble

Important phenomena,to be studied at the European Center of Nuclear Researches (= C.E.R.N.) in the Large Hadron (= haevy particle) Collider,are the so called - matter oscillations.There is a distance between the doublet $(ev_e) = 1.024$ MeV and W^+=80.7GeV(Weinberg boson)such that,starting with W^+,at the end of a cycle one finds a doublet again(and a single[11] negative electron comes into play):

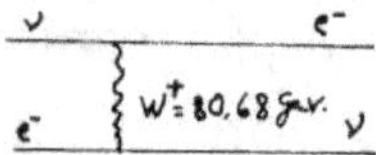

 Multiples of it reach figures 10 times greater and so on controlling   different transformations (=proces - ses).Hence one has the possibility to identify a new particle;and actually it has been found at about 126 GeV,the metastable Higgs boson .In this chapter one has a completely new study on the fundamental par ticles considering both the quaternions' group and the dihedral group D_4 .

S.Sternberg suggests the opportunity of inquiring about observable features linked to these groups - (Sternberg,p.159) for the particles.

The theoretical guesses of Sternberg are translated in simple 4x4 matrices,while the present data are embedded in 3x3 matrices.

Liberi-81040(Caserta)-Italy,December 2008.

Carged leptons and quaternions

Bearing in mind Sternberg's proposals[1] and taking into account the methods of supersymmetric theories[2],one puts

$$\begin{vmatrix} e^{i\xi}\cos\vartheta & e^{i\eta}\sin\vartheta \\ -e^{-i\eta}\sin\vartheta & e^{-i\xi}\cos\vartheta \end{vmatrix} \begin{vmatrix} 0 & i \\ i & 0 \end{vmatrix} =$$

$$= \begin{vmatrix} x & 0 \\ 0 & y \end{vmatrix} \begin{vmatrix} e^{i\xi_1}\cos\vartheta_1 & e^{i\eta_1}\sin\vartheta_1 \\ -e^{-i\eta_1}\sin\vartheta_1 & e^{-i\xi_1}\cos\vartheta_1 \end{vmatrix} \text{ where } \begin{vmatrix} 0 & i \\ i & 0 \end{vmatrix}$$

belongs to the quaternionic group G_2 .From comparison of both members one has

$$ie^{i\eta}\sin\vartheta = xe^{i\xi_1}\cos\vartheta_1 \; , \; i\,e^{-i\xi}\cos\vartheta = -\,y\,e^{-i\eta_1}\sin\vartheta_1$$

$$ie^{i\xi}\cos\vartheta = xe^{i\eta_1}\sin\vartheta_1 \; , \; -ie^{-i\eta}\sin\vartheta = ye^{-i\xi_1}\cos\vartheta_1$$

Hence

$$x = i[e^{i(\eta-\xi_1)}\sin\vartheta]/\cos\vartheta_1 = i[e^{i(\xi-\eta_1)}\cos\vartheta]/\sin\vartheta_1 \Rightarrow$$

$$\mathbf{tan\vartheta} = e^{i[(\xi-\eta_1)-(\eta-\xi_1)]}/\mathbf{tan\vartheta_1}$$

$$y = -i[e^{-i(\xi-\eta_1)}\cos\vartheta]/\sin\vartheta_1 = -i[e^{-i(\eta-\xi_1)}\sin\vartheta]/\cos\vartheta_1$$

whence $\mathbf{tan\vartheta} = e^{-i[-(\eta-\xi_1)+(\xi-\eta_1)]}/\mathbf{tan\vartheta_1}$

The result is $e^{i[(\xi-\eta_1)-(\eta-\xi_1)]} = e^{-i[-(\eta-\xi_1)+(\xi-\eta_1)]}$

or $e^{2i[(\xi-\eta_1)-(\eta-\xi_1)]} = 1$

$$\Rightarrow \cos 2[(\xi - \eta_1) - (\eta - \xi_1)] = 1.$$

After a suitable choice of the four phases, this formula can be written as follows[3]:

$$\cos^2\alpha - \sin^2\alpha = 1, \text{ or } \quad \sin 2\alpha\left(-\frac{1}{2}\frac{1}{\tan} + \frac{1}{2}\tan\alpha\right) = -1$$

The group G_2 (of unit quaternions)is represented through its elements(I.N.Herstein):

e, ϑ,a,b,c,ϑa,ϑb,ϑc with the properties

a^2, b^2, c^2 $=\vartheta$;ϑ^2=e ,ab=ϑba=c,bc=ϑcb=a,ca=ϑac=b.

One

assumes $a = \begin{vmatrix} 0 & i \\ i & 0 \end{vmatrix}$, $e = \begin{vmatrix} 1 & 0 \\ 0 & 1 \end{vmatrix}$, $b = \begin{vmatrix} 0 & -1 \\ 1 & 0 \end{vmatrix}$

$c = \begin{vmatrix} -i & 0 \\ 0 & i \end{vmatrix}$, $\vartheta = \begin{vmatrix} -1 & 0 \\ 0 & -1 \end{vmatrix}$, $\vartheta a = \begin{vmatrix} 0 & -i \\ -i & 0 \end{vmatrix}$, $\vartheta b = \begin{vmatrix} 0 & 1 \\ -1 & 0 \end{vmatrix}$

$\vartheta c = \begin{vmatrix} i & 0 \\ 0 & -i \end{vmatrix}$

The local group

Let'consider $\begin{vmatrix} e^{i\xi}\cos\vartheta & e^{i\eta}\sin\vartheta \\ -ie^{-i\eta}\sin\vartheta & e^{-i\xi}\cos\vartheta \end{vmatrix} \begin{vmatrix} i & 0 \\ 0 & -i \end{vmatrix} =$

$= \begin{vmatrix} x & 0 \\ 0 & y \end{vmatrix} \begin{vmatrix} e^{i\xi_1}\cos\vartheta_1 & e^{i\eta_1}\sin\vartheta_1 \\ -e^{-i\eta_1}\sin\vartheta_1 & e^{-i\xi_1}\cos\vartheta_1 \end{vmatrix}$

A comparison of both members yields

$-ie^{i\xi}\cos\vartheta = xe^{i\xi_1}\cos\vartheta_1$; $-ie^{i\eta}\sin\vartheta$ =x $e^{-i\eta_1}\sin\vartheta_1$

$-ie^{-i\eta}\sin\vartheta$ =$-ye^{-i\eta_1}\sin\vartheta_1$;$-ie^{-i\xi}\cos\vartheta$ =y$e^{-i\xi_1}\cos\vartheta_1$

To get the local group one must put

$$x^2 = 1 \; ; x^2 = -e^{2i(\xi - \xi_1)}\frac{\cos^2\vartheta}{\cos^2\vartheta_1}$$

But -icos$\xi cos\vartheta = ixsin\xi_1 cos\vartheta_1$,

   -sin$\xi cos\vartheta$ =xcosξ_1 $cos\vartheta_1$, whence

$-cos^2\xi cos^2\vartheta = -x^2 sin^2\xi_1 cos^2\vartheta_1$,

$sin^2\xi cos^2\vartheta = x^2 cos^2\xi_1 cos^2\vartheta_1$

and $cos^2\vartheta = x^2 cos^2\vartheta_1 \Rightarrow$ $1 = -e^{2i(\xi-\xi_1)}$.

   Then one has

$$cos2(\xi - \xi_1) = -1; \qquad sin2(\xi - \xi_1) = 0.$$

It's possible to find the Weinberg bosons, the Z^0 particle, $\underline{t}t$=346GeV, where t is the top quark, $\underline{t}$ the antiquark in a subgroup of the global group :

$$2(\xi - \xi_1) = \pm k360 \Rightarrow (\xi - \xi_1) = \pm k180 .$$

Example:[4] 254(360)=91440=Z^0,

961(360)=345960=$\underline{t}t$,   263(360)=94680$\propto$ $\underline{b}b$=9.46 GeV; 224(360)=80640=W^+ .

If

$$2(\xi-\xi_1)=180\pm n360$$

$\Rightarrow$(for **mesons**)4950-90=27(180);

5490-90=30(180),7830-90=43(180)

 92790-7830=472(180),$Z^0 = 92.79 GeV$;

$94590 - 7830 = 482(180)$,80730-7830=405(180) ,

$W^+ = 80.73 GeV, W^- = 82.893$GeV; $\underline{t}t$ =339030,

 339030 $-$ 7830=1840(180) .

Top quark's decays : $y=1197\ e^{n0.034486176}$ $\Delta^{++} =$ 1239 *MeV* belongs to a set of ten particles, - the decuplet(J.Cornwell-Group Theory In Physics-Academic Press-1977).Σ^{-}=1197 MeV to an octet(=eight particles) $\dfrac{1239}{1197} = e^{x} \Rightarrow$ x=0.0344861

Fig.1-W+b$\underline{b}$=2(81.8)GeV+9.46=173.06GeV.

$$y=1197e^{n0.034486176}$$

n	y		n	y		n	y
2	1282		11	1749		21	2469
3	1327 octet $\{8\}$		12	1810		22	2556
4	1374		13	1874		23	2645
6	1472		15	2007		25	2834
7	1522		16	**2078**.39		26	2934
8	1577		17	2151		27	3037
	(157x4=2.28 $\equiv$d_u)		18	**2226**.8089		28	3143
9	1632		19	2304		29	3254
10	1689 $\{27\}$		20	2385		30	**3368**.68

(**3368**.68x3568=**12019450**.24)

31t̲t̲ $\propto$ **3486**470394

Practice: since(**3486**.4-**2226**.8)=1259.6 $\cong$**2078**.3(6.05) and 6.05$\cong$ 0.0747(81) $\Rightarrow$

If $\quad 4 \equiv 6(222.6) \cong 356.8(3.74)$; $\dfrac{3.74}{7.47}=0.50$

then 24 is $36(222.6) \cong 3568(2.2459)$, $\dfrac{2.245}{7.47} = 0.30$

$\quad$ 36 is $54(222.6)=\mathbf{12020}.4 \cong 3568(3.368)$,

$\dfrac{3.368}{7.47}=0.45$

Higgs boson$\cong 117529.92 \cong = 35680(3.294) \Rightarrow$

$\dfrac{3.294}{7.47} = 0.44$ [5] .

The dihedral group D_4

This group contains eight elements[6] :two reflections about the two diagonals of a square ,two reflections about the two perpendicular bisectors(fig. 2),

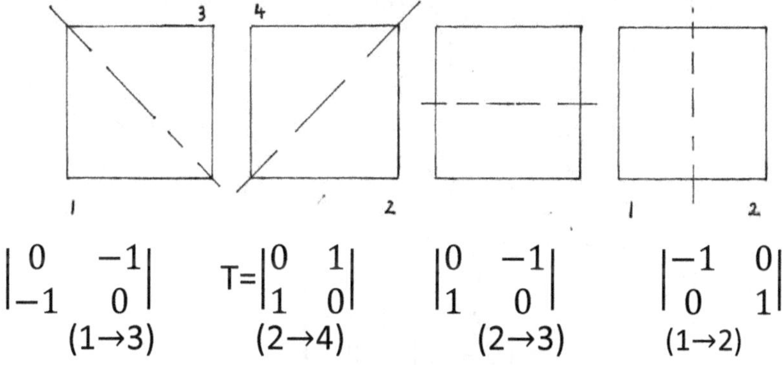

$$\begin{vmatrix} 0 & -1 \\ -1 & 0 \end{vmatrix} \qquad T=\begin{vmatrix} 0 & 1 \\ 1 & 0 \end{vmatrix} \qquad \begin{vmatrix} 0 & -1 \\ 1 & 0 \end{vmatrix} \qquad \begin{vmatrix} -1 & 0 \\ 0 & 1 \end{vmatrix}$$
$$(1\to3) \qquad\quad (2\to4) \qquad\quad (2\to3) \qquad\quad (1\to2)$$

Fig.2-If the vertex 2 has coordinates $(x,y) \equiv (\varepsilon, -\varepsilon)$,

with $\begin{vmatrix} 0 & 1 \\ 1 & 0 \end{vmatrix}\begin{vmatrix} \varepsilon \\ -\varepsilon \end{vmatrix} = \begin{vmatrix} -\varepsilon \\ \varepsilon \end{vmatrix}$ one finds its reflection .

To D_4 belong also the rotations R through $90°, R^2, R^3, R^4 = I$. The subgroup $N \equiv \{I, R. R^2, R^3\}$ is normal[7] in D_4 .Then one has a homorphism between

D_4 and $\dfrac{D_4}{N}$.   Sternberg puts his convinction forward
the group D_4 should produce new observable features for the fundamental particles .

The homomorphism is obtained with the products
N x , where x belongs to D_4 .

For this reason one introduces $N \oplus D_4$ .Here one
uses

$$I \oplus T = \begin{bmatrix} 0 & 0 & 1 & 0 \\ 0 & 0 & 0 & 1 \\ 1 & 0 & 0 & 0 \\ 0 & 1 & 0 & 0 \end{bmatrix} \quad\text{and}\quad T \oplus I = \begin{bmatrix} 0 & 1 & 0 & 0 \\ 1 & 0 & 0 & 0 \\ 0 & 0 & 0 & 1 \\ 0 & 0 & 1 & 0 \end{bmatrix} ;$$

then we shall see what stems from $I \oplus T + T \oplus I$.
The eigenvalues of this matrix are λ=0 (multiplicity
2) and λ=±2 .Thus one must find a new matrix com -
muting with it and having distinct eigenvalues:

$$\begin{bmatrix} A & 0 & 0 & B \\ 0 & C & D & 0 \\ 0 & E & F & 0 \\ G & 0 & 0 & H \end{bmatrix}\begin{bmatrix} 0 & 1 & 1 & 0 \\ 1 & 0 & 0 & 1 \\ 1 & 0 & 0 & 1 \\ 0 & 1 & 1 & 0 \end{bmatrix} =$$

$$= \begin{bmatrix} 0 & (A+B) & (A+B) & 0 \\ C+D & 0 & 0 & C+D \\ E+F & 0 & 0 & E+F \\ 0 & (G+H) & (G+H) & 0 \end{bmatrix}$$

$$\begin{bmatrix} 0 & 1 & 1 & 0 \\ 1 & 0 & 0 & 1 \\ 1 & 0 & 0 & 1 \\ 0 & 1 & 1 & 0 \end{bmatrix}\begin{bmatrix} A & 0 & 0 & B \\ 0 & C & D & 0 \\ 0 & E & F & 0 \\ G & 0 & 0 & H \end{bmatrix} =$$

$$
= \begin{bmatrix} 0 & (C+E) & (D+F) & 0 \\ A+E & 0 & 0 & B+H \\ A+E & 0 & 0 & B+H \\ 0 & (C+E) & (D+F) & 0 \end{bmatrix}
$$

Taking into account the two products

A+B=C+E=D+F $\qquad$ (a)

C+D=A+G=E+F $\qquad$ (b)

C+D=B+H=E+F $\qquad$ (c)

Hence $\begin{cases} A+G = B+H & (d) \\ A+B = C+E & (e) \end{cases}$

$\Rightarrow 2A + G = H + C + E \quad$ (f)

and with (b) A+G=E+F $\quad . \quad$ (g)

Substituting (g) in (f), A+F=H+C ;and using this last equality with (a)written as A-F=D-B one gets 2A=H+D-B+C ,or H-B=2A-(D+C).This result associated with (c) reveals that 2H=2A.

   With a glance to (c), C+D=B+A=E+F ;and because of (a), A+B=D+F.

Hence D=E. By considering (a) again one also has C=F. Bearing (b) in mind, G=E+F-A;moreover (c) suggests E+F-A=B. Thus G=B.The sought matrix with simple ei̲genvalues is

$$
\begin{bmatrix} A & 0 & 0 & B \\ 0 & C & D & 0 \\ 0 & D & C & 0 \\ B & 0 & 0 & A \end{bmatrix} \qquad \text{(s)}
$$

They areλ=A$\pm$B , λ=C$\pm$D .

We have identified with (s) the source of the effects - about the particles guessed after Sternberg's propo_

sals.In fact the submatrix $\begin{bmatrix} A & 0 & 0 \\ 0 & C & D \\ 0 & D & C \end{bmatrix}$ of (s)

concerns both the masses [9]and the electric charges [10] already known .

Y=R$\oplus$ I :Particles and Black Holes

The matrices(p.15)

$$Y = \begin{vmatrix} 0 & -1 & 0 & 0 \\ 1 & 0 & 0 & 0 \\ 0 & 0 & 0 & -1 \\ 0 & 0 & 1 & 0 \end{vmatrix} \text{ and } \begin{vmatrix} 0 & 0 & A_1 & A_2 \\ 0 & 0 & -A_2 & A_1 \\ B_1 & B_2 & 0 & 0 \\ B_3 & B_4 & 0 & 0 \end{vmatrix}$$

commute if $B_3 = -B_2, B_4 = B_2$ .Let's consider the product [12]

$$\begin{vmatrix} 0 & 0 & A_1 & A_2 \\ 0 & 0 & -A_2 & A_1 \\ B_1 & B_3 & 0 & 0 \\ -B_3 & B_1 & 0 & 0 \end{vmatrix} \begin{vmatrix} e^{i\vartheta} & 0 & 0 & 0 \\ 0 & e^{-i\vartheta} & 0 & 0 \\ 0 & 0 & e^{-i\varphi} & 0 \\ 0 & 0 & 0 & e^{i\varphi} \end{vmatrix} =$$

$$\begin{vmatrix} 0 & 0 & A_1 e^{-i\varphi} & A_2 e^{i\varphi} \\ 0 & 0 & -A_2 e^{-i\varphi} & A_1 e^{i\varphi} \\ B_1 e^{i\vartheta} & B_3 e^{-i\vartheta} & 0 & 0 \\ -B_3 e^{i\vartheta} & B_1 e^{-i\vartheta} & 0 & 0 \end{vmatrix}$$

$$= \begin{bmatrix} 0 & 0 & n_1 & n_2 \\ 0 & 0 & n_3 & n_4 \\ m_1 & m_2 & 0 & 0 \\ m_3 & m_4 & 0 & 0 \end{bmatrix} \Rightarrow \begin{vmatrix} -\lambda & 0 & n_1 & n_2 \\ 0 & -\lambda & n_3 & n_4 \\ m_1 & m_2 & -\lambda & 0 \\ m_3 & m_4 & 0 & -\lambda \end{vmatrix} = 0$$

which means $\lambda^4 - \lambda^2(n_3 m_2 + n_4 m_4 + n_1 m_2 + n_2 m_3 +$
$(m_1 m_4 - m_2 m_3)(n_1 n_4 - n_2 n_3) = 0$ .Let's put $B_3 = B_1$;
then,since $(m_2 n_1 + n_4 m_4) = 2A_1 B_1 \cos(\vartheta - \varphi)$
$(n_3 m_2 + n_2 m_3) = -2A_2 B_3 \cos(\vartheta+\varphi) = -2A_2 B_1 \cos(\vartheta+\varphi)$,
the former equation becomes $\lambda^4 -$
$2\lambda^2 \begin{bmatrix} A_1 B_1 \cos(\vartheta - \varphi) - \\ A_2 B_1 \cos(\vartheta + \varphi) \end{bmatrix} + 2B_1^2(A_1^2 + A_2^2) = 0.$
Substituting both $(\vartheta - \varphi)=180°, \vartheta+\varphi=2\varphi+180°$, and
$A_2 = -2A_1$, one has $\lambda^4 + 2\lambda^2(1 +$
$2\cos 2\varphi)A_1 B_1 + 10(A_1 B_1)^2 = 0$
whose solution is[with$(1+2\cos 2\varphi) = 3$] (p.112)
$\lambda^2 = A_1 B_1(-3 \pm i) \propto (3 \mp i) = \varrho e^{\pm \alpha}$ where $\varrho = \sqrt{10}$

$\tan\alpha = \dfrac{1}{3} \Rightarrow$ Trace=T=$\sqrt[4]{10}\left(2\cos\dfrac{\alpha}{2}\right) = 3.510634603.$

The particles and quantum steps for gravity are res -
pectively shown in the two tables that follow:

Table[13]: masses (nT) for the particles

$$T=\sqrt[4]{10}\ (2cos\ \frac{18°.4349882}{2}\ )=3.510634603$$

267.25T = 938.217=**p**   38.45T=134.98 $=\boldsymbol{\pi}^{0}$

267.63T = 939.551=**n**   39.75T=139.547=$\boldsymbol{\pi}^{\pm}$

317.5T =1114.62 =$\boldsymbol{\Lambda}^{0}$ 140.65T=493.77 =$\mathbf{K}^{\pm}$

338.75T =1189.22 =$\boldsymbol{\Sigma}^{+}$ 141.75T=497.63   =$\mathbf{K}^{0}$

339.6T =1192.21 =$\boldsymbol{\Sigma}^{0}$

341.05T =1197.30 =$\boldsymbol{\Sigma}^{-}$

374.35T=1314.206=$\boldsymbol{\Xi}^{0}$

376.25T =1320.87 =$\boldsymbol{\Xi}^{-}$

352T   = 1235.74338 =$\boldsymbol{\Delta}^{-}$

352.25T =1236.621039 =$\boldsymbol{\Delta}^{0}$

352.5T = 1237.498698 =$\boldsymbol{\Delta}^{+}$

 352.75T= 1238.376356=$\boldsymbol{\Delta}^{++}$

 394.5T = 1384.9   =$\Sigma_{3/2}$

400T= 1404.253   = $\Lambda_{3/2}$

 435.75T= 1529.75   =$\Xi_{3/2}$

476.25T = 1671.939   =$\boldsymbol{\Omega}^{-}$

....

547T=1920.317128=$\Delta_{7/2}$

919T=3226.2732=$\Delta_{19/2}$ (p.150)

517T=1814.99809 =$\Lambda_{5/2}$

500T=1755.317302=$\Sigma_{5/2}$

496T=1741.274763=$\Sigma_{5/2}$

481T=1688.615244=$N_{5/2}$

142

Table:gravitation(Fig.17a; p.33).

TraceT=$\sqrt[4]{10}$ $(2\cos\dfrac{18°.4349882}{2})$=3.510634603 .

7.55T =26.50=Andromeda's	22.4T =78.60	
distance from G		
22.75T=79.86 K		
9.75T =33.614 E	23.8T =83.55 C	
13.05T =45.81=distance of S	28.3T =99.35 B	
(galaxy) from G	33T =115.85	
13.7T =48.09 E		
34.24T=120.23 EG		
14.25T=50.02	37T =129.89 K	
14.7 =51.5	39.9T =140.07 SK	
15T =52.5	45.3T =159.03 BT	
17.4T =61.08 G	49.25T =172.89 B	
18.5T =64.946	57.65 =202.38 EC	
19.85T=69.68 E	59.85T =210.11 ET	
21.5T =75.4786=distance of A		
(galaxy) from G		

Higgs boson

From the representation of the unitary group (p.146;p.147) , one has

$$A^{j}_{m'm}=(-1)^{m'-m}\sum_{s}\frac{(-1)^{s}\sqrt{(j+m)!(j-m)!(j+m')!(j-m')!}}{s!(j-s-m')!(j+m-s)!(m'-s-m)!}\,.$$

$$\cdot\,(cos\tfrac{\beta}{2})^{2(j-s)-(m'-m)}\,(-sin\tfrac{\beta}{2})^{2s+(m'-m)}$$

where $s\geq 0$, $\dfrac{1}{(-n)!}=0$

$$\begin{bmatrix}
A^{\frac{5}{2}}_{\frac{5}{2}(\frac{5}{2})} & A^{\frac{5}{2}}_{\frac{3}{2}(\frac{5}{2})} & A^{\frac{5}{2}}_{\frac{1}{2}(\frac{5}{2})} & A^{\frac{5}{2}}_{\frac{-1}{2}(\frac{5}{2})} & A^{\frac{5}{2}}_{\frac{-3}{2}(\frac{5}{2})} & A^{\frac{5}{2}}_{\frac{-5}{2}(\frac{5}{2})} \\[6pt]
A^{\frac{5}{2}}_{\frac{5}{2}(\frac{3}{2})} & A^{\frac{5}{2}}_{\frac{3}{2}(\frac{3}{2})} & A^{\frac{5}{2}}_{\frac{1}{2}(\frac{3}{2})} & A^{\frac{5}{2}}_{\frac{-1}{2}(\frac{3}{2})} & A^{\frac{5}{2}}_{\frac{-3}{2}(\frac{3}{2})} & A^{\frac{5}{2}}_{\frac{-5}{2}(\frac{3}{2})} \\[6pt]
A^{\frac{5}{2}}_{\frac{5}{2}(\frac{1}{2})} & A^{\frac{5}{2}}_{\frac{3}{2}(\frac{1}{2})} & A^{\frac{5}{2}}_{\frac{1}{2}(\frac{1}{2})} & A^{\frac{5}{2}}_{\frac{-1}{2}(\frac{1}{2})} & A^{\frac{5}{2}}_{\frac{-3}{2}(\frac{1}{2})} & A^{\frac{5}{2}}_{\frac{-5}{2}(\frac{1}{2})} \\[6pt]
A^{\frac{1}{2}}_{\frac{5}{2}(\frac{-1}{2})} & A^{\frac{5}{2}}_{\frac{3}{2}(\frac{-1}{2})} & A^{\frac{5}{2}}_{\frac{1}{2}(\frac{-1}{2})} & A^{\frac{5}{2}}_{\frac{-1}{2}(\frac{-1}{2})} & A^{\frac{5}{2}}_{\frac{-3}{2}(\frac{-1}{2})} & A^{\frac{5}{2}}_{\frac{-5}{2}(\frac{-1}{2})} \\[6pt]
A^{\frac{5}{2}}_{\frac{5}{2}(\frac{-3}{2})} & A^{\frac{5}{2}}_{\frac{3}{2}(\frac{-3}{2})} & A^{\frac{5}{2}}_{\frac{1}{2}(\frac{-3}{2})} & A^{\frac{5}{2}}_{\frac{-1}{2}(\frac{-3}{2})} & A^{\frac{5}{2}}_{\frac{-3}{2}(\frac{-3}{2})} & A^{\frac{5}{2}}_{\frac{-5}{2}(\frac{-3}{2})} \\[6pt]
A^{\frac{5}{2}}_{\frac{5}{2}(\frac{-5}{2})} & A^{\frac{5}{2}}_{\frac{3}{2}(\frac{-5}{2})} & A^{\frac{5}{2}}_{\frac{1}{2}(\frac{-5}{2})} & A^{\frac{5}{2}}_{\frac{-1}{2}(\frac{-5}{2})} & A^{\frac{5}{2}}_{\frac{-3}{2}(\frac{-5}{2})} & A^{\frac{5}{2}}_{\frac{-5}{2}(\frac{-5}{2})}
\end{bmatrix}$$

By the use of the formula one gets

$$A^{\frac{5}{2}}_{\frac{5}{2}(\frac{5}{2})} = cos^{5}(\tfrac{\beta}{2})\quad(\text{ with }\quad s=0\,)$$

$$A^{\frac{5}{2}}_{\frac{3}{2}(\frac{3}{2})} = cos^5(\tfrac{\beta}{2}) - 4cos^3\left(\tfrac{\beta}{2}\right)sin^2\left(\tfrac{\beta}{2}\right) \text{ (only}$$

$s=\begin{cases}0\\1\end{cases}$ come into play) , and one puts $A^{\frac{5}{2}}_{\frac{5}{2}(\frac{5}{2})} = kA^{\frac{5}{2}}_{\frac{3}{2}(\frac{3}{2})} \Rightarrow$

$$cos^2\tfrac{\beta}{2} = k(cos^2\tfrac{\beta}{2} - 4sin^2\tfrac{\beta}{2})$$

or $cos^2\tfrac{\beta}{2} = k(5cos^2\tfrac{\beta}{2} - 4)$, $(5k-1)cos^2\tfrac{\beta}{2}=4k$.

Finally $cos^2\tfrac{\beta}{2} = 1$ if k=1 .Then $\tfrac{\beta}{2} = n360$.

Solution:oscillation parameter $Z^0 - W^+ =$
$(92840 - 80600) = \mathbf{12240}$.

Reference point $Z^0 = 91400$; **12240**=720(17)
10800=720(15) , [22320=**720(31)**)]
(91400-10800)=80600 ; 91400+1440=92840=$\mathbf{Z^0}$

Z^O=92840 +	117320	178520	251960	324640
12240	12240	190760	264200	335880
105080	<u>129560</u>	203000	276440	347120
12240	K*141800	215240	288680	720
117320	154040	227480	300920	347840
	Y* 166280	239720	312160	720
	178520	251960	313400	348560

Boson;129.560GeV= upper limit ,$\Rightarrow K^*$and Y^*
become steps to see the sought boson.

$17.4e^{794.5(0.011096)} = 117270.9$ (p.41).

92840+**31(720)**=115160=lower limit for Higgs boson.

Unitary transformations

The matrix $U = \begin{vmatrix} a & b \\ -b^* & a^* \end{vmatrix}$ where a and b are complex number is unitary if

$$\begin{vmatrix} a & b \\ -b^* & a^* \end{vmatrix}\begin{vmatrix} a^* & -b \\ b^* & a \end{vmatrix} = I$$

One must have $|a|^2 + |b|^2 = 1$. The actions of U on x_1 and x_2, real variables, are

$$x'_1 = ax_1 + bx_2 \quad ; x'_2 = -b^* x_1 + a^* x_2$$

The new variables[14] $\Lambda'_{jm} = \dfrac{x'^{\,j+m}_1 \, x'^{\,j-m}_2}{\sqrt{(j+m)!(j-m)!}}$, with the substitution of the equalities

$$x'^{\,j+m}_1 = (ax_1 + bx_2)^{j+m} =$$
$$\Sigma_s \frac{(j+m)!}{s!(j+m-s)!}(ax_1)^{j+m-s}((bx_2)^s$$

$$x'^{\,j-m}_2 = (-b^* x_1 + a^* x_2)^{j-m} =$$
$$\Sigma_s \frac{(j-m)!}{s!(j-m-s)!}(-b^* x_1)^{j-ms'}(a^* x_1)^{s'}$$

become

$$\Lambda'_{jm}$$

$$= [\Sigma_s \Sigma_{s'} \frac{\sqrt{(j+m)!\,(j-m)!}}{s!\,s'!\,(j+m-s)!\,(j-m-s')!}(ax_1)^{j+m-s}(bx_2)^s \cdot$$
$$(-b^* x_1)^{j-m-s'}\,(a^* x_2)^{s'}]$$

and, if $m'=j-s-s'$,

$$\Lambda'_{jm} =$$

$$= \left[\Sigma_s \Sigma_{m'}(-1)^{m'+s-m}\frac{\sqrt{(j+m)!(j-m)!}}{s!(j-s-m')(j+m-s)!(m'+s-m)!}\cdot\right.$$

$$\left. \cdot\, a^{j+m-s}(a^*)^{j-m'-s}b^s(b^*)^{m'+s-m}(x_1)^{j+m'}(x_2)^{j-m'}\right]$$

$$= \left[\Sigma_{m'}\Sigma_s = \frac{\sqrt{(j+m)!(j-m)!(j+m')!(j-m')!}}{s!(j-s-m')!(j+m-s)!(m'+s-m)!}\, a^{j+m-s}b^s\cdot\right.$$

$$\left. \cdot\,(-1)^{m'-m+s}\,(a^*)^{j-m'-s}\,(b^*)^{m'-m+s}\Lambda_{jm'}\right.$$

where $s\geq 0$, $-j\leq m \leq +j$, $-j \leq m' \leq +j$

By the use of $\quad a=\cos\dfrac{\beta}{2},\quad b=\sin\dfrac{\beta}{2}$,

$$\Lambda'_{jm} = \Sigma_{m'}A^{j}_{m'm}\Lambda_{jm'} \qquad \text{where}$$

$$A^{j}_{m'm} = \left[\Sigma_s(-1)^s\frac{\sqrt{(j+m)!(j-m)!(j+m')!(j-m')!}}{s!(j-s-m')!(j+m-s)!(m'+s-m)!}\cdot\right.$$

$$\left. \cdot\,\left(\cos\frac{\beta}{2}\right)^{2(j-s)-(m'-m)}\left(-\sin\frac{\beta}{2}\right)^{2s+m'-m}\right](-1)^{m'-m}$$

Note:In connection with the ordinary rotations

$$a=e^{-\frac{i\alpha}{2}}\cos\frac{\beta}{2}\,e^{-\frac{i\gamma}{2}}\ \text{and}\ b=e^{-\frac{i\alpha}{2}}\sin\frac{\beta}{2}\,e^{-\frac{i\gamma}{2}}\ \text{,where}$$

Euler's angles intervene(Rose-Elementary Theory Of Angular Momentum-Dover Ed.).

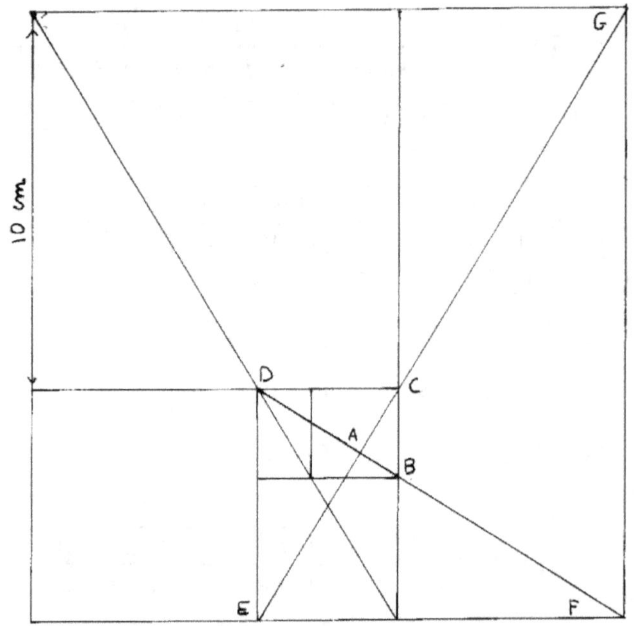

Fig.3-The points B,C,D,E,F,G,belong to a **logaritmic spiral**[15]. If we put AB=ϱ_1,AC=ϱ_2,AD= ϱ_3,AE= ϱ_4,AF=ϱ_5, AG= ϱ_6, from the simili tude of the triangles sharing one side one gets $\dfrac{\varrho_1}{\varrho_2} = \dfrac{\varrho_2}{\varrho_3} = \dfrac{CD}{ED}=\tau$

$=\dfrac{-1+\sqrt5}{2}=\dfrac{\varrho_3}{\varrho_4}=\dfrac{\varrho_4}{\varrho_5}=\dfrac{\varrho_5}{\varrho_6}$,with CD^2=ED(ED-CD) . $\qquad \Delta x :$

$\varrho_2 - \varrho_1=\varrho_2 - \tau\varrho_2 = \varrho_2(1-\tau)$,$\varrho_3 - \varrho_2=\varrho_3 - \tau\varrho_3=\varrho_3(1-\tau)$,

$\varrho_4 - \varrho_3=\varrho_4(1-\tau)$, $\qquad \varrho_5 - \varrho_4=\varrho_5(1-\tau)$; $\qquad \Delta y :$

$\varrho_3 - \varrho_1=(1\text{-}\tau)(\varrho_3 + \varrho_2)=(1\text{-}\tau)\varrho_2\left(1 + \dfrac{1}{\tau}\right)$,

$\varrho_4 - \varrho_2=\varrho_3(1\text{-}\tau)(1+\dfrac{1}{\tau})$ $\varrho_5 - \varrho_3=\varrho_4(1 - \tau)\left(1 + \dfrac{1}{\tau}\right)$.

$$\dfrac{\Delta y}{\Delta x} = \dfrac{\varrho_3-\varrho_1}{\varrho_2-\varrho_1}=\dfrac{\varrho_2(1-\tau)(1+\frac{1}{\tau})}{\varrho_2(1-\tau)}$$

In addition to Regge trajectories

With the product of two matrices'traces we show in a single sequence all the data (according to Regge's results)displaied by Chew , Gell'Mann and Rosenfeld on 1964(Scientific American ,February).[Other figures are taken from the books by E.Segré, K.Huang and the above quoted Scientific American]:

$$2\cos 18°(\cos\frac{360°}{28})=2(0.927211543)=1.854423086=k$$

a) Table: 927.211543+ nk,where n is integer .

n=6 p=938.3	n=115 1140.4	n=213 $\Xi^-_{1/2}$ 1322
n=7 N=940.1	n=129 1149.7	n=247 1385.2
n=30 982.84	n=212 1151.5	n=257 Λ 1403.79
n=31 983.69	n=130 1168.2	n=316 $N_{3/2}$ 1513.2
985.55	n=135 1177.5	n=320 $\Lambda_{3/2}$ 1520
987.40	n=137 1181.2	n=325 $\Xi^-_{3/2}$ 1529.89
989.26	n=141 1188.	n=236 1531.75
991.115	n=143 $\Sigma^0$1192	n=336 1550.29
993.969	n=146 Σ^-1197.9	n=399 $\Sigma_{3/2}$ 1667
995.824	n=147 1199.8	n=402 $\Omega^-_{1/2}$ 1672.6
n=38 997.678	n=157 1218.3	n=404 $\Omega^-_{3/2}$ 1676.3
n=39 999.533	n=167 Δ^0 1236.8	n=410 $N_{5/2}$ 1687.5
n=40 1001.38	n=168Δ^{++}1238.7	n=411 1689.3
n=50 η1019.9	n=171 1244.3	n=447 1756.1
n=60 1038.4	n=175 η 1251.7	n=452 $\Sigma_{5/2}$ 1765.4
n=70 1057.020	n=185 1270.2	n=538 $\Delta_{7/2}$ 1924.9

n=101 $\Lambda^0$1114.5 n=193 1285.1   n=681 $N_{9/2}$ 2190.0

n=106 1123.77 n=209 Ξ^0 1314 n=734 U   2288

n=110 1131.19   n=463 1785.8   n=711 $\Delta_{11/2}$ 2356.9

n=114 1138.6   n=479$\Lambda_{5/2}$1815 n=1041 $\Delta_{15/2}$2857

n=182 1254.7   n=518 1887.8   n=1240 $\Delta_{19/2}$3226

n=183 1265.5   n=519 1889.6

n=479 1815.48

   479k=888.2686582 ;

....

$$2\cos 18° \cos\frac{360°}{28}=2(0.927211543)=1.854423086=k$$

b)Table: 927.211543-nk

n=21 K 888.2 n=204 η548.90 n=354 270.746

n=95 π751.0   n=232 K^0 496.985 n=425 $\pi^{\pm}$139.08

n=127 ϱ 691.7 n=234 $K^{\pm}$493.276 n=427 $\pi^0$135.37

Note:With matrices[16] such as

$$A=\begin{vmatrix} e^{i\frac{2\pi}{20}} & \lambda \\ 0 & e^{-i\frac{2\pi}{28}} \end{vmatrix} \text{ and } B=\begin{vmatrix} e^{i\frac{2\pi}{28}}+\nu & 1 \\ \mu & e^{-i\frac{2\pi}{28}}-\nu \end{vmatrix},$$

from detB=1 and $\nu\neq 0$ it's possible to get μ. By the choice of C with trace $\Upsilon+\Upsilon^{-1}$,the constraint trBA= $\Upsilon+\Upsilon^{-1}$ yields λ .Thus ,C entails another periodicity (=symmetry) different from that of A .

Exercise: The trace of $\begin{vmatrix} e^{i(\frac{2\pi}{20}+\frac{2\pi}{28})} & f \\ 0 & e^{-i(\frac{2\pi}{20}+\frac{2\pi}{28})} \end{vmatrix}$ and those of suitably chosen matrices select levels in the former sequence.

References

1)S.Sternberg- Group Theory And Physics- Cambridge University Press - New York 1955,p.161.

2-E.Cremmer- Extended Supersymmetries In Component Formalism: in the book by P.West – Supersymmetry - A Decade of Development- Adam Hilger Ed.- Bristol & Boston 1986.

3-Kerson Huang- Quarks ,Leptons & Gauge Fields -2nd Edition – World Scientific Ed.- Singapore, New Jersey, London,Hong Kong 1992,p.114.-

4-H.Fritzsch-Quark-Ed. Boringhieri-Torino(Italy) 1983, p.257.   -

5- G.Bellettini - <Le Scienze> Quaderni –Aprile 2002, p.36 .   -

6-S.Sternberg- Group Theory And Physics- Cambridge University Press -New York 1955,p.6.

7- I.N. Herrstein –Topics in algebra-Xerox Corporation 1975 or Algebra-Editori Riuniti-Terza Edizione-Roma - (Italy) 1955,p.69;p.87.

8-S.Sternberg- Group Theory And Physics- Cambridge University Press -New York 1955,p.73;

M.Hammermesh - Group Theory And Its Applications To Physical Problems- Dover Publications Inc.- New York 1963,p.465.

9-J.N. Bachall- Neutrino Astrophysics - Cambridge University Press-New York-Port Chester-Melbourne-Sydney 1990,p.256.

10-F.E.Close-An Introduction To Quarks And Partons - Academic Press -New York 1979,p.162.

11-J.N.Bachall- Neutrino Astrophysics – Cambridge University Press-New York-Port Chester- Melbourne-Sydney 1990,p.260.

12-Leonard I.Shiff- Quantum Mechanics -Third Edition - Mc Graw Hill Ed.- New York 1968 ,p.207; Kerson Huang- Quarks ,Leptons & Gauge Fields -2nd Edition-World Scientific Ed.- Singapore -New Jersey -London-Hong Kong 1992, p.46-49.

13-E.Segré-Nuclei and Particles(original title)or Nuclei E Particelle-Zanichelli Ed.-Bologna (Italy)-1966, p.626; p.676.

14-M.E.Rose-Elementary Theory of Angular Momentum -Dover Publications Inc.-New York 1955;

V.I.Smirnov- Corso Di Matematica Superiore -Volume terzo -Parte Prima -Editori Riuniti –Roma (Italy) 1982, p.237.

15-Martin Gardner- Mathematical Puzzles and Diversions-2nd Vol.-Simon and Schuster Inc.,1961-New York.

16-John Stillwell-Geometry of Surfices - Springer Verlag –New York 1992,p.200.

Youcanprint
Finito di stampare nel mese di maggio 2019

9 788882 785048